L'ORACLE DE L'ESSENCE CHAMANIQUE

Textes : © Ozalee Intuitive.
Illustrations : © Mel'Ange&Co.
Maquette et mise en page : TWAPIMOA.

ISBN : 978-2-38135-088-2

www.editions-tredaniel.com
info@guytredaniel.fr
www.facebook.com/editions.tredaniel
@vegaeditions

OZALEE INTUITIVE

L'ORACLE DE L'ESSENCE CHAMANIQUE

Illustré par MEL'ANGE&CO

ÉDITIONS
VÉGA
19, rue Saint-Séverin
75005 Paris

Sommaire

Coucou toi,

Voici l'oracle chamanique qui te servira d'outil spirituel pendant les périodes où tu as besoin de la clarté de tes guides et de l'Univers.

Cet oracle est composé de 54 cartes éthériques inspirées de la sagesse chamanique des peuples autochtones d'Amérique du Nord. Cet oracle t'éclairera sur plusieurs domaines: spirituel, sentimental et professionnel.

Tu y recevras des messages conseils mais aussi des messages divinatoires. L'oracle rassemble les trois mondes du chamanisme: le monde du bas, le monde du milieu et le monde du haut. Je t'expliquerai en page suivante à quoi correspondent ces mondes et quels alliés tu peux y trouver.

Cet oracle est un oracle musical, un chant intuitif est associé respectivement à chaque monde (bas, milieu et haut). Tu pourras l'écouter autant de fois que tu en ressentiras le besoin pour t'imprégner des messages et énergies du monde concerné.

Pour que cet oracle s'imprègne de tes énergies et de ta vibration, je te conseille de passer de la sauge ou du palo santo, en posant l'intention qu'il t'éclaire dans tous les questionnements de ta vie.

Cet oracle deviendra ton allié chamanique.

Nous te souhaitons de belles expériences et surtout d'enchanter tes pratiques avec cet oracle, car la vie est avant tout un jeu que tu expérimentes chaque jour.

Bisous, Ozalee et Mel

Comment utiliser les cartes ?

Tout d'abord, je tiens à préciser qu'il n'y a pas de méthode juste pour utiliser ces cartes ou les interpréter. On te demande avant tout de faire confiance à tes ressentis une fois qu'une carte se présente à toi. Les mots-clés sont là pour t'apporter des éclaircissements sur le message de la carte.

Si tu veux aller plus loin, je t'invite à lire tous mes conseils chamaniques, professionnels et sentimentaux afin de trouver des guidances peu importe le domaine concerné.

Pour t'aider à te connecter au monde du bas, au monde du milieu et au monde du haut, je t'invite à écouter les chants intuitifs enregistrés pour cet oracle qui te guideront à la rencontre de l'allié présent sur la carte.

Pour cela, dès que tu reçois une carte, je t'invite à découvrir dans le sommaire à quel monde appartient l'allié de la carte, ainsi tu pourras écouter la piste audio qui correspond à l'un des trois mondes en posant l'intention de partir à la rencontre de l'allié en question et d'y recevoir des messages et des guérisons.

Lexique chamanique

Monde du bas: c'est un monde dénué d'ego, de temps et d'espace. On peut y rencontrer ses alliés et son animal de pouvoir.

Monde du haut: c'est un monde qui se trouve en haut, les vibrations sont plus fines que celles des autres mondes. On y trouve des alliés comme les anges, les archanges ou encore les divinités...

Monde du milieu: c'est la contrepartie invisible du monde dans lequel on vit. On peut y trouver les « élémentaux » (fées, elfes ou encore des esprits comme l'esprit de la montagne ou de la rivière ou autres...)

Voyage chamanique: le voyage chamanique est un voyage spirituel de l'âme dans l'autre monde (monde du bas, monde du haut ou monde du milieu).

Animal de pouvoir: il est un guide qui nous aide, nous accompagne, nous protège et un compagnon de route.

Chakras: les chakras sont des centres énergétiques par lesquels passe l'énergie vitale.

Exemple de tirage

TIRAGE CHAMANIQUE DE TES ALLIÉS

Ce tirage te permettra de savoir qui sont les alliés qui t'accompagnent en ce moment dans les différents mondes. Pour partir à la rencontre de tes alliés principaux, je t'invite à séparer le paquet en 3 tas :

1. un tas pour le monde du bas,
2. un tas pour le monde du milieu,
3. un tas pour le monde du haut.

Le monde du bas | Le monde du milieu | Le monde du haut

Je te propose de tirer une carte dans le tas numéro 1, une carte dans le tas numéro 2 et une carte dans le tas numéro 3.

→ **La carte que tu auras tirée du tas numéro 1 correspond à ton allié dans le monde du bas, à ton animal allié qui t'accompagne en ce moment et qui est là pour t'apporter un message précis.**

Je t'invite donc à te connecter à cet allié en écoutant la piste audio enregistrée pour voyager dans le monde du bas ou bien avec une piste de tambour.

→ **La carte que tu auras tirée du tas numéro 2 correspond à ton allié dans le monde du milieu.**

Je t'invite donc à te connecter à cet allié en écoutant la piste audio enregistrée pour voyager dans le monde du milieu.

→ **La carte que tu auras tirée du tas numéro 3 correspond à ton allié dans le monde du haut.**

Je t'invite donc à te connecter à cet allié en écoutant la piste audio enregistrée pour voyager dans le monde du haut.

ATTENTION

Pour le monde du milieu, il est important de demander à te connecter à l'allié en question pour ne pas attirer d'autres entités.

TIRAGE DE LA NOUVELLE LUNE

Ce tirage te permettra de savoir ce qu'on t'invite à mettre en place pour la nouvelle lune et comment on te conseille de travailler tes intentions.

Qu'ai-je besoin de manifester durant cette nouvelle lune ?

Les blocages possibles

Ce qui va m'aider à manifester mes émotions

Le résultat probable

1 **Le premier tas** te permettra de savoir ce que tu as besoin de mettre en place pour la nouvelle lune, ce sur quoi on t'invite à poser tes intentions.

2 **Le deuxième tas** te permettra de savoir à quels blocages tu fais face actuellement.

3 **Le troisième tas** te permettra de savoir quels outils et quels moyens vont t'aider à réaliser les intentions que tu auras posées.

Et enfin, **la dernière carte** t'apportera un message complémentaire sur l'issue de la situation.

TIRAGE DIVINATOIRE POUR LE MOIS À VENIR

Si tu souhaites avoir un aperçu de ton année à venir sur les domaines principaux: sentimental, spirituel, professionnel ou autre message que tes guides souhaitent t'apporter.

Message chamanique

Message professionnel

Message sentimental

Message additionnel

1 **Le premier tas** te permettra de recevoir un message chamanique et de t'apporter des conseils de tes guides ou bien des messages divinatoires concernant le domaine spirituel durant l'année à venir.

2 **Le deuxième tas** te permettra de recevoir un message conseil ou bien divinatoire concernant le domaine professionnel durant l'année à venir. Tu auras un aperçu du message que tes guides souhaitent t'envoyer pour les prochains mois.

3 **Le troisième tas** te permettra de recevoir des messages concernant le domaine sentimental pour l'année à venir.

Et **le dernier message** te permettra de recevoir un message additionnel de tes guides pour l'année à venir.

LES MESSAGES DES CARTES

Le monde du bas

1

LA CHOUETTE INTUITIVE

Intuition • Lucidité • Changement

1

LA CHOUETTE INTUITIVE

Mots-clés : intuition, lucidité, changement

La chouette a d'abord attiré l'attention des sages amérindiens pendant très longtemps, par sa perception nocturne, son mode de vie et de chasse ainsi que par son regard mystérieux.
Dans le chamanisme, la médecine de la chouette te guide pour t'accompagner au-delà des illusions et accéder à la vérité. Elle est le symbole de ce qui échappe à l'homme, de l'occulte et du caché.
Dans la roue astrologie amérindienne, il s'agit du neuvième esprit totem de la roue de vie des chamans amérindiens. Il correspond à la fin de l'automne et au signe astrologique occidental du Sagittaire.
Chez les Grecs anciens, la chouette est assimilée à la déesse Athéna qui représente la sagesse, l'intelligence, les arts et une puissante conseillère.

MESSAGE CHAMANIQUE

L'esprit de la chouette t'accompagne en ce moment, car tu es invité à ouvrir ton intuition et à te connecter à ton chakra du 3e œil.
Peut-être as-tu senti que ton intuition était bloquée, cela peut être dû à une mémoire karmique, qui peut t'empêcher de t'épanouir.
En te connectant à la médecine de la chouette, tu aideras à guérir certaines mémoires karmiques et ainsi à te reconnecter à ton intuition.
Elle te permet aussi de te connecter aux mondes subtils et d'y recevoir ses messages.
Tu es également invité à travailler ton chakra du 3e œil et coronal pour être dans une véritable connexion avec ton intuition et tes guides.
Tu vas prochainement connaître une expérience qui renforcera cette connexion et tu deviendras de plus en plus capable de voir l'invisible. Tu vas peu à peu ouvrir ta porte au monde de l'inconnu et aux mystères de la vie.
Sois serein, la chouette t'accompagne.

MESSAGE PROFESSIONNEL

L'esprit de la chouette t'encourage à regarder au-delà des apparences.
En ce moment, tu peux être pleinement concentré sur certains objectifs en particulier, et tu as du mal à t'ouvrir à d'autres possibilités et opportunités. On te demande de prendre du recul par rapport à certains projets en cours, car ils manquent peut-être encore d'organisation et de réflexion.
À l'instar de la chouette, tu es invité à faire preuve de recul et de sagesse pour gérer au mieux tes projets et prendre les meilleures décisions pour toi.
La chouette est ton guide en ce moment, elle t'encourage à élargir tes recherches pour ouvrir le champ des possibles et t'apporter la clarté avant toute prise de décision.
L'esprit de la chouette t'invite également à ouvrir ton potentiel caché. Tu es capable de beaucoup plus que ce que tu penses.
La chouette est également la messagère d'un apprentissage qui peut arriver sous forme de formation ou de stage pour laisser exploiter ton potentiel.
Une nouvelle impulsion bénéfique est en cours sur ton chemin et surtout une ouverture vers de nouveaux horizons.

MESSAGE SENTIMENTAL

La médecine de la chouette t'invite à être dans une plus grande vérité avec toi-même.
N'aie pas peur de faire tomber le masque que tu portes dans la relation sentimentale actuelle et ouvre-toi à ton véritable toi.
Aujourd'hui, tu es prêt à quitter une superficialité pour être authentique avec les autres.
La chouette annonce un changement de cycle dans la relation, au fur et à mesure que tu dévoiles ton véritable toi dans la relation, les choses vont se concrétiser pour apporter une union plus sincère.
Si tu es célibataire, la chouette t'invite à ne pas renier ta partie sombre, tes relations passées, les échecs amoureux, les blessures de tes vies antérieures qui t'ont fait souffrir, car cela fait partie de toi.
Il est maintenant temps pour toi de travailler sur ces mémoires afin que tu te sentes prêt à rencontrer quelqu'un.

LES CONSEILS D'OZALEE

La chouette intuitive

✦ Pratique une méditation d'ouverture du 3e œil et chakra coronal.

✦ Porte une améthyste pour ouvrir ton canal intuitif.

✦ Effectue un voyage chamanique dans le monde du bas à la rencontre de l'esprit de la chouette.

✦ Prépare-toi à un changement positif.

2

LE CHANT DE LA BALEINE

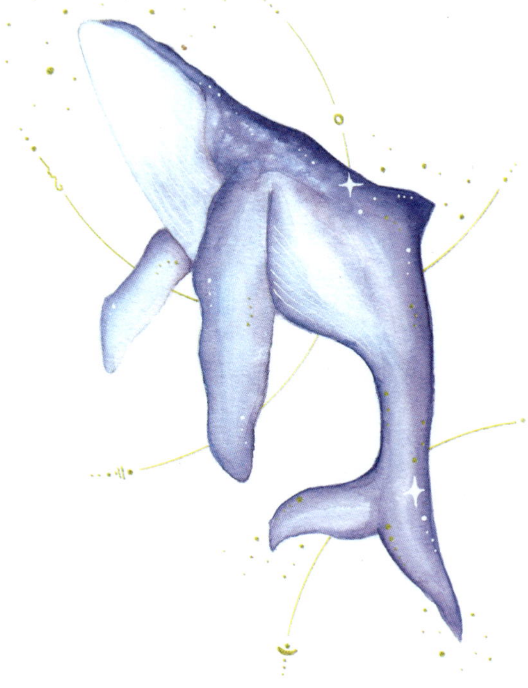

Communication • Chakra de la gorge • Libération émotionnelle

2

LE CHANT DE LA BALEINE

Mots-clés : communication, chakra de la gorge, libération émotionnelle

La baleine, ce mammifère des profondeurs marines, est la gardienne des archives de la Terre.
Elle enregistre tout grâce à son ultrasensibilité.
La baleine est également une bible de la connaissance Universelle par sa longévité et sa sagesse.
Elle t'aide à écouter ta voix intérieure et à te libérer émotionnellement par la communication.
Les baleines sont capables de communiquer avec d'autres baleines sur des milliers de kilomètres.
Elles nous aident à communiquer clairement avec notre cœur sur des grandes distances, à comprendre l'impact de nos émotions sur notre vie quotidienne et à suivre notre propre vérité.

MESSAGE CHAMANIQUE

En ce moment, tu peux ressentir une agitation au niveau de tes énergies.
Tu as stocké en toi des expériences et des blessures.
Aujourd'hui, la médecine de la baleine t'invite à te libérer émotionnellement des blessures du passé et de tes vies antérieures.
Tu peux te sentir à fleur de peau en ce moment, avoir cette sensation d'être au bord des larmes, la baleine t'invite à accueillir pleinement ces émotions, qu'elles soient bonnes ou mauvaises, pour favoriser ce processus de libération émotionnelle.
Pour libérer tes émotions, la baleine t'invite à utiliser les moyens de communication et ton chakra de la gorge, comme le chant, la parole, la guérison par la musique et les sons.
N'oublie pas que toutes les expériences sont enrichissantes.
Inspire-toi de la vibration de la baleine pour t'apporter cette stabilité.

MESSAGE PROFESSIONNEL

En ce moment, professionnellement, tu peux vivre une période de brouillard où tu as du mal à voir clair.
Tu peux ressentir une confusion et un brouillard énergétique, ce qui entraîne un manque de clarté. Beaucoup de pensées s'entremêlent et fusent en ce moment et tu as du mal à y voir clair.
Tu as envie de te lancer dans plein de projets différents, mais tu ne sais pas par quoi commencer.
L'esprit de la baleine est là pour t'aider à faire le silence intérieur et le vide mental afin de maîtriser ce qui est vraiment important pour toi.
Ta mission de vie est en lien avec le partage, la communication, la parole et inclut tout ce qui est en lien avec le chakra de la gorge.
En travaillant sur ton chakra de la gorge, tu te rapprocheras peu à peu de ta mission de vie.
Tes guides te conseillent de faire le vide mental en écoutant une musique inspirante pour y voir plus clair sur le plan professionnel.

MESSAGE SENTIMENTAL

Si tu es en couple, pour le moment tu peux ressentir un grand manque de communication dans ton couple.
Cela influe sur la relation et peut amener des tensions.
La médecine de la baleine qui t'accompagne en ce moment t'invite à communiquer sur ce que tu as au fond du cœur pour progresser dans la relation et ne plus rester dans les non-dits.
La médecine de la baleine t'aide à renouer le dialogue, suscite le respect et l'honnêteté. Ce sont les trois clefs pour que ton couple marche.
Il en est de même pour l'empathie envers ton partenaire, pour comprendre ce que chacun vit et ce que chacun a traversé.
Il est temps de s'ouvrir l'un à l'autre, d'exprimer ce qui ne va pas et d'être authentique avec l'autre.
La communication est la clef de ton couple.
Si tu es célibataire, on t'invite à te détacher de tes anciens schémas de pensée à travers l'expression créative comme la musique, le chant, l'écriture...
On t'invite à trouver le moyen d'expression qui te conviendra le mieux et qui te permettra de te détacher de ce qui ne te correspond plus.

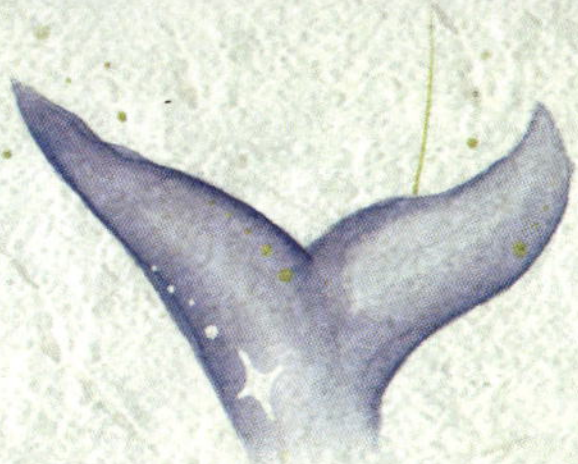

LES CONSEILS D'OZALEE

Le chant de la baleine

+ Chante des mantras.

+ Ouvre-toi à l'expression et à la communication.

+ Pratique un soin énergétique par les sons ou une séance de sonothérapie.

+ Effectue un équilibrage énergétique par les sons.

+ Libère tes émotions par le chakra de la gorge (chants, communication, théâtre…).

+ Effectue un voyage chamanique à la rencontre de l'esprit de la baleine.

3

LE BISON DES PLAINES

Abondance • Générosité • Partage

3

LE BISON DES PLAINES

Mots-clés : abondance, générosité, partage

Chez les Amérindiens, le bison a toujours eu un rôle très important.
À l'origine, les bisons et les Indiens suivirent la même route en immigrant tous les deux d'Eurasie.
Les bisons offraient aux peuples autochtones tout ce dont ils avaient besoin.
La peau était utilisée pour les tapis ainsi que pour fabriquer des couvertures.
La viande était utilisée pour se nourrir et les os servaient à fabriquer des armes et des ustensiles de cuisine.
À partir de 1870, le gouvernement américain ordonna le massacre de plus de 3 000 000 de bisons, qui représentaient une source de vie pour les Indiens. Un vrai massacre.
Dans le chamanisme, le bison est le symbole de l'abondance.

MESSAGE CHAMANIQUE

La médecine du bison montre la voie de la générosité, du partage, de l'esprit communautaire, du respect de soi et des autres.
Dans ta spiritualité, tu as pu t'enfermer dans une routine solitaire où tu partages très peu avec les autres.
Le bison t'invite à être plus dans le partage.
Les autres contribuent à ta spiritualité comme tu contribues à la leur.
Sois prêt à t'ouvrir à de nouvelles rencontres avec des personnes ayant les mêmes intérêts que toi. Tu peux par exemple participer à un stage ou une retraite afin de partager et évoluer spirituellement.
Cette carte à également un message important concernant l'écologie.
On t'invite à commencer à consommer de façon plus éthique.
La médecine du bison est très liée à l'abondance.
On t'invite à travailler sur ton chakra sacré pour activer cette belle énergie d'abondance que t'apporte le bison.

MESSAGE SENTIMENTAL

Si tu es en couple, la médecine du bison t'amène une connexion durable et profonde.

Elle indique un lien qui se renforce entre les deux partenaires. La relation progresse et les sentiments grandissent.

Le bison apporte également des énergies concernant la famille et l'agrandissement de la famille.

Un bébé pourrait prochainement s'annoncer ou bien un nouvel arrivant dans le foyer (comme un animal, par exemple).

Si tu es célibataire, tu rencontreras prochainement quelqu'un avec qui une union solide et sincère pourra se concrétiser à terme.

Les énergies sont favorables à de nouvelles rencontres et sorties.

MESSAGE PROFESSIONNEL

Recevoir la médecine du bison dans un tirage professionnel est un très bon présage d'abondance pour tes projets professionnels mais aussi d'abondance financière.

Il apporte un regain d'énergie aux nouveaux projets qui voient le jour.

Si tu souhaites te lancer dans un nouveau domaine ou bien si tu hésites à accepter un travail, ce message garantit une abondance et un bon environnement, tu peux être assuré avec ce message d'une abondance et d'une bonne atmosphère.

Le travail collectif est également favorisé. Un partenariat verra le jour prochainement et il sera extrêmement bénéfique pour ton activité.

Attention, il ne s'agit pas de rêver à ton succès, mais de tout mettre en œuvre pour le déclencher.

L'abondance sera à la hauteur de ta motivation et du travail fourni.

Tu es actuellement dans une énergie d'abondance, qu'il faut accepter de laisser rentrer dans ta vie.

LES CONSEILS D'OZALEE

Le bison des plaines

✦ Ouvre-toi au partage
via une association
ou un projet communautaire.

✦ Donne sans attendre en retour.

✦ Effectue un voyage chamanique
à la rencontre du bison.

✦ Pose l'intention
de recevoir l'abondance
en te connectant à l'esprit du bison.

4

LA DOUCEUR DE LA LOUTRE

Joie • Sociabilité • Adaptabilité

4

LA DOUCEUR DE LA LOUTRE

Mots-clés : joie, sociabilité, adaptabilité

La loutre correspond au onzième esprit totem de la roue astrologique amérindienne. Il correspond au signe du zodiaque occidental du Verseau. La loutre est un animal très sociable, elle adore la vie en groupe mais peut aussi se suffire à elle-même.
Chez les peuples autochtones d'Amérique du Nord, la loutre appelle à la joie, au partage et à la serviabilité.
Elle est dénuée de toute agressivité. Elle répand la joie, l'ouverture d'esprit et l'amitié.

MESSAGE CHAMANIQUE

Pour le moment, tes énergies sont chamboulées.
On te demande de te connecter à la médecine de la loutre pour parvenir à une vraie adaptabilité dans toutes les situations.
Tu vas être amené à travailler de plus en plus sur cette capacité d'adaptation.
Ces derniers temps, tu as été beaucoup dans le mental et dans la difficulté à profiter de l'instant présent. Tu peux être soit trop dans les tourments du passé, soit trop dans l'attente de l'avenir.
La médecine de la loutre t'invite à accueillir l'instant présent et à profiter de chaque instant, de chaque petit bonheur. Ta vie ne dépend pas de ton passé et encore moins de ton futur : vis l'instant présent.
Un travail sur la respiration pourra t'aider à libérer certaines tensions et te permettre de vivre chaque instant présent en pleine conscience.
Prends le temps de vivre des moments de fantaisie sans te préoccuper du lendemain. La loutre t'aide aussi à dépasser ce conditionnement qui t'immobilise.
Tu n'es pas seulement le conditionnement de ton enfance et de la société, tu es bien plus que ça. En te connectant à la loutre, tu vas pouvoir révéler ta vraie nature et la joie de vivre au fond de toi.
Tu es invité à prendre le temps de t'octroyer des moments afin de renforcer ta sociabilité et tes relations amicales. Tu peux par exemple contacter une vieille amie et lui dire à quel point tu tiens à elle ou bien aller dans des associations où tu pourras rencontrer des personnes ayant les mêmes intérêts que toi.

La médecine de la loutre t'invite aussi à partir à l'aventure, avec enthousiasme et espoir. Un peu d'humour te ferait également le plus grand bien.
Pourquoi ne pas passer un moment de légèreté en jouant à un jeu par exemple, cela pourrait t'apporter ces rires dont le corps a besoin.
Fais quelque chose d'amusant.

MESSAGE SENTIMENTAL

L'énergie de la loutre est tournée vers le plaisir, le jeu et les rencontres.
Si récemment tu as rencontré quelqu'un, la médecine de la loutre te recommande de te lancer pleinement dans cette aventure à la découverte de l'autre.
Elle t'indique également de garder cette légèreté qui caractérise la loutre et de ne pas attendre trop de cette relation, pour le moment en tout cas.
Si tu es en couple, la médecine de la loutre est un très bon présage amoureux. Elle promet un mariage heureux, une relation saine et durable.
Si, pour l'instant, les énergies ne sont pas dans la concrétisation de la relation, tu peux faire appel à l'esprit de la loutre pour t'aider à être dans la concrétisation de cette relation.
Cette carte peut également indiquer que l'un des deux partenaires est inexpérimenté ou immature ou bien signifier que la relation manque un peu de fun et que les choses paraissent endormies pour le moment. On te demande de puiser dans l'énergie de la loutre pour réveiller le fun et le jeu dans la relation.
Si tu es célibataire, lors d'une soirée, d'une sortie ou bien au travail, tu rencontreras prochainement quelqu'un. La relation ne sera pas forcément sérieuse au début, mais les énergies sont très favorables à une relation saine.

MESSAGE PROFESSIONNEL

La loutre apporte une énergie de nouveauté, un nouvel emploi, un changement professionnel ou bien l'arrivée d'un nouveau projet.
Dans tous les cas, des transformations s'annoncent et l'esprit de la loutre apporte un renouveau pour toi.
Il peut aussi s'agir d'un déménagement ou d'une promotion qui professionnellement te placera dans une nouvelle énergie, te permettra de sortir de ta zone de confort et de ta routine. Tu auras plus de responsabilités.
N'hésite pas à prendre des risques quand cette carte se présentera, car cette prise de risque sera bénéfique pour toi.
Aie confiance, la loutre t'accompagne.

LES CONSEILS D'OZALEE

La douceur de la loutre

✦ Pratiquer la méditation
de pleine conscience
pour vivre l'instant présent.

✦ Ouvre-toi au jeu
tel qu'aux jeux de société.

✦ Pars à l'aventure,
par exemple en voyage
à la dernière minute.

✦ Renforcer tes relations amicales.

5

LA FEMME-ARAIGNÉE

Créativité • Artistique • Patience

5

LA FEMME-ARAIGNÉE

Mots-clés : créativité, artistique, patience

Dans le chamanisme, l'araignée est un symbole d'énergie féminine, de créativité et de création.
Les araignées sont caractérisées par leurs capacités à tisser des toiles aux formes complexes, ainsi que par leur patience à attendre que leurs proies tombent dans leurs pièges.
L'araignée t'apporte une grande faculté de perception, une créativité hors norme ainsi que la patience dont elle fait preuve.
Dans la conscience populaire, l'araignée a longtemps eu une connotation négative représentant l'ombre et le danger.
Elle nous permet de nous ouvrir et d'accepter les différentes facettes de notre âme, qu'elles soient lumineuses ou sombres.

MESSAGE CHAMANIQUE

L'araignée est présente dans tes énergies afin de t'aider à tisser le destin de ta vie. Ces derniers temps, tu as pu ressentir un manque de motivation dans ta vie, un manque de passion, et il est temps pour toi de retrouver cette étincelle qui t'animait. Pour cela, on t'invite à te reconnecter à ta créativité.
Nous sommes tous des êtres créatifs, et lorsque nous nous déconnectons de cette énergie créatrice, cela peut nous amener à nous sentir bloqués ou démotivés.
Il est temps pour toi de trouver un moyen de susciter ta créativité et de manifester cette magie dans ta vie à travers la peinture, le dessin, l'écriture ou encore la musique.
Ce déploiement de ta créativité te permettra également de calmer ton mental et de cultiver le lâcher-prise.
On te demande de te connecter à la médecine de l'araignée afin de trouver l'inspiration pour ouvrir cette créativité intérieure.
Cette créativité t'amènera vers la création de projets.

Des idées originales et uniques verront le jour.
On t'invite à écouter cette voix intérieure qui te guide dans ton inspiration, car elle t'ouvrira les portes de nombreux projets importants.
Ton potentiel de création est immense dans tous les domaines de ta vie et ne demande qu'à être développé.
L'araignée t'indique également de cultiver la patience, de ne pas te précipiter dans la réalisation de projets, mais de s'y investir doucement et de ne pas être pressé de récolter les fruits des projets en cours.

MESSAGE PROFESSIONNEL

Dans le contexte professionnel, cette carte indique que tu es dans des énergies de créativité.
Ta passion inspirera les personnes qui t'entourent.
Tu fais preuve d'imagination au niveau professionnel et on te demande d'avoir confiance en tes idées. Si tu réfléchis à changer de carrière ou à évoluer, c'est le bon moment de te lancer, car tu as ce feu intérieur et cette passion qui t'emmèneront vers le succès.
Cette carte est aussi une indication que ta mission de vie est en lien avec les arts et la créativité.
C'est aussi une bonne carte pour suivre ton intuition en termes d'investissement car, niveau abondance financière, tu es dans de bonnes énergies.

MESSAGE SENTIMENTAL

Si tu es en couple, cette carte signifie qu'il est temps pour ton couple de rajouter une touche de passion créative.
Vous pourrez vous lancer tous les deux dans une nouvelle activité qui vous reliera de manière plus forte.
Si tu es célibataire, l'énergie de la femme-araignée te permettra, avant tout, de travailler sur toi-même et ta féminité, de te reconnecter à l'être créatif que tu es, avant de te lancer dans une relation amoureuse.
Peut-être as-tu pu ressentir, ces derniers temps, des énergies de monotonie ou bien de lassitude concernant ta vie amoureuse.
Il est temps pour toi de te reprendre en main, de changer ta perception de l'amour pour te lancer dans une relation saine et constructive.

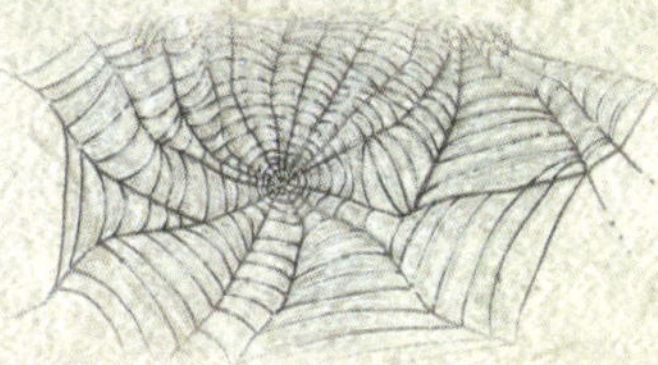

LES CONSEILS D'OZALEE

La femme-araignée

+ Commence un projet créatif comme le dessin, la peinture ou la musique.

+ Effectue un voyage chamanique à la rencontre de l'esprit de l'araignée.

+ Cultive la patience concernant tes projets.

6

LA DUALITÉ DU TIGRE

Force • Dualité • Émotions refoulées

6

LA DUALITÉ DU TIGRE

Mots-clés : force, dualité, émotions refoulées

Le tigre est le plus grand félin sauvage et l'un des plus grands carnivores terrestres.
Il se caractérise par sa puissance et sa force.
La médecine du tigre nous permet de nous reconnecter à nos instincts primaires, nos émotions refoulées et l'imprévisibilité de la vie, des actions ou des sentiments.
L'énergie du tigre nous apporte courage, motivation et force pour aller au bout de nos projets.

MESSAGE CHAMANIQUE

En ce moment, tu es invité à te connecter à la médecine du tigre et à prendre conscience de ta puissance, de ton pouvoir personnel et de ta force intérieure. Cet animal est présent dans tes énergies pour t'inciter à faire preuve de courage et de détermination, à surmonter certains obstacles et à apprendre à gérer tes émotions qui parfois peuvent être instables.
Pour le moment, tu peux avoir la sensation d'être dans une dualité émotionnelle, par exemple aller bien pendant un moment puis, sans raison, te sentir mal et triste.
D'un jour à l'autre, tu peux remettre en question ce qui était clair et acquis.
On t'invite à t'ouvrir et à te connecter à la médecine du tigre pour t'aider à gérer tes émotions de façon plus stable et ne pas te trouver dans la dualité constante de tes émotions. À cette fin, on t'invite à prendre conscience de ta puissance, de ta passion et de ton pouvoir.
L'énergie du tigre t'apporte la conviction d'être audacieux et courageux.
Quand l'énergie du tigre se présente à toi, des émotions fortes telles que la colère ou la rancœur ont besoin de s'exprimer.

Il se peut que pendant longtemps tu les aies refoulées et qu'aujourd'hui il soit nécessaire de les évacuer. On t'invite à accueillir cette part d'ombre que tu préfères rejeter, car elle t'empêche d'avancer.

MESSAGE PROFESSIONNEL

Dans ton milieu professionnel actuel, tu es invité à communiquer et à t'affirmer. Tu peux avoir la sensation de ne pas trouver ta place, de ne pas avoir ton mot à dire et de parfois subir certaines situations.

En faisant appel à l'énergie du tigre, tu constateras plus de fluidité dans la communication devenue plus saine et honnête dans ton environnement professionnel. Tu es invité à mettre en place trois choses dès à présent, en lien avec l'énergie du tigre :

- la protection en utilisant la pierre de l'œil-de-tigre,
- la communication et l'affirmation de soi pour pouvoir être dans une constance émotionnelle,
- l'audace en faisant preuve de courage.

Cette carte te rappelle que tu n'as pas idée de la force et de la détermination que tu possèdes en toi.

Le tigre t'aide en cette période en t'apportant toute son énergie.

MESSAGE SENTIMENTAL

Si tu es en couple, tu peux avoir le sentiment de rencontrer de plus en plus d'éléments et de situations imprévisibles

Tu as pu également expérimenter des situations de dualité qui ont entraîné des doutes et des peurs ; des moments où tu as envie de te lancer à cœur perdu et d'autres où tu es effrayé.

Ne fuis pas cette dualité mais accueille-la.

Cette carte est une invitation à cultiver cette énergie passionnelle que le tigre t'apporte en ce moment, à laisser ton instinct primaire te guider et à te lancer avec passion.

Cette carte n'indique pas nécessairement une relation stable et engagée mais plutôt des énergies passionnelles.

Si cette carte ressort pour un tirage concernant une personne en particulier, ne t'attends pas à une relation sérieuse mais plutôt à une relation intense et courte.

LES CONSEILS D'OZALEE

La dualité du tigre

+ Effectue un voyage chamanique à la rencontre du tigre.

+ Prends conscience de ta puissance personnelle.

+ Accueille ta part d'ombre dans un travail introspectif.

+ Exprime tes émotions enfouies telles que la colère et la rancœur à travers la libération émotionnelle (EFT, EMDR, danse, chant ou autres moyens d'expression).

7

LE SERPENT GUÉRISSEUR

Guérison • Force de vie • Changement de vie

7

LE SERPENT GUÉRISSEUR

Mots-clés : guérison, force de vie, changement de vie

Dans le chamanisme, la médecine du serpent est fortement liée à l'énergie vitale et à la force de vie.
Grâce à sa mue, il change souvent d'apparence et a la capacité de se renouveler sans cesse afin de se débarrasser de ce qui ne lui correspond plus.
Dans la mythologie grecque, Asclépios, le dieu de la Médecine est montré avec deux serpents qui montent sur une tige, une symbolique qui est l'emblème des pharmacies.

MESSAGE CHAMANIQUE

Recevoir la médecine du serpent dans le chamanisme et un message fort concernant ton niveau d'énergie.
Peut-être, ces derniers temps, as-tu pu sentir un faible niveau d'énergie qui te rend vulnérable, et cela est sans doute dû à un changement extérieur.
Peut-être ces derniers temps as-tu pu te sentir fatigué et ressentir un faible niveau d'énergie qui te rend vulnérable
Ici, tu es accompagné par la médecine du serpent.
Sois prêt à faire l'expérience d'un moment de transition qui sera bénéfique pour toi et d'une belle augmentation de ton énergie vitale.
En te connectant à l'esprit du serpent, tu pourras travailler ta guérison pour libérer certains blocages que tu as encore dans tes énergies.
À l'instar du serpent, tu pourras te débarrasser de ce que tu gardes encore dans tes énergies pour muer et les renouveler pour te sentir en forme.
La médecine du serpent a aussi un lien avec le renforcement du système immunitaire.
On te conseille de faire un voyage chamanique à la rencontre de l'esprit du serpent pour y recevoir un soin afin de te sentir plus en forme.

Tu es aussi invité à prêter une attention plus grande à la façon dont tu utilises ton énergie.
Le serpent est en lien avec les instincts primaires, essaye d'écouter davantage ton corps, car il t'apporte toutes les réponses.
Cette carte indique que ta situation devrait changer rapidement sur plusieurs plans : changements physiques, émotionnels et énergétiques.

MESSAGE PROFESSIONNEL

Le serpent fournit des indications concernant des moments de transition et des changements de vie.
Recevoir le message du serpent dans le contexte professionnel signifie que certains éléments de ta vie professionnelle te dérangent encore.
Il annonce un changement de vie : un changement d'emploi ou un changement d'environnement (nouveaux collègues, déménagement...).
Tu es invité à explorer un terrain peu familier, à sortir de ta zone de confort pour faire un grand pas en avant et te lancer dans un domaine différent de celui qui t'occupe actuellement.

MESSAGE SENTIMENTAL

Dans le contexte sentimental, le serpent indique un changement émotionnel.
En ce moment, tu peux être dans une phase de transformation énergétique et de nettoyage.
Tu peux être en train de te libérer, de nettoyer certaines mémoires et blessures.
Tu peux donc être en pleine remise en question au niveau sentimental.
Que tu sois en couple ou célibataire, cela vaut la peine d'attendre. N'essaye pas de forcer la relation et concentre-toi plutôt sur ton nettoyage et ta libération émotionnelle.

LES CONSEILS D'OZALEE

Le serpent guérisseur

✦ Va à la rencontre
de l'esprit du serpent
pour augmenter ton énergie vitale.

✦ Pour t'aider
à traverser ce nettoyage
et cette libération émotionnelle,
je te conseille l'EFT,
qui est une technique
pour décharger émotionnellement
un souvenir difficile
et qui t'aidera à passer à autre chose.

✦ Envisage un changement de vie
à l'horizon après la mue
(libére-toi de ce qui ne te convient plus).

8

LE LOUP RÊVEUR

Instinct • Intelligence • Liberté

8

LE LOUP RÊVEUR

Mots-clés : instinct, intelligence, liberté

Dans le chamanisme, la médecine du loup reflète la vivacité de notre intelligence, nos instincts primaires, l'appétit de la liberté, mais aussi l'importance des liens sociaux.
Cet animal peut aussi symboliser la peur parfois excessive, l'impression de se sentir menacé et le manque de confiance dans son milieu de vie.
Le loup a une grande connexion à l'intuition de par son lien très fort avec son instinct.
Il nous aide à développer notre manière de voir et de comprendre le monde autour de nous d'une façon instinctive et intuitive.

MESSAGE CHAMANIQUE

Tu es invité à te reconnecter à tes instincts primaires.
Avec le conditionnement de la société sur notre mental, nous sommes devenus trop dépendants de ce que nous pouvons voir et nous avons oublié de puiser dans l'intelligence primaire dont nous disposons.
On t'invite à présent à te connecter à la médecine du loup pour réveiller le loup qui sommeille en toi pour refaire surgir tes instincts et ton intuition qui sauront te guider.
Quand le loup se présente à toi, on t'invite à prêter attention à ce que ton intuition essaye de te communiquer.
Tu es sur la bonne voie en ce moment, mais on t'invite à rester concentré et focalisé sur ton objectif, à ne rien lâcher et à ne surtout pas baisser les bras.
On t'envoie toute la motivation dont tu as besoin.
Le loup est également un appel fort à la liberté.
Tu reçois aujourd'hui un appel à vivre ta vie de façon plus libre et insuffler l'intensité de la passion dans tes activités quotidiennes.
Tu es aussi invité à travailler en groupe ou à collaborer.

MESSAGE PROFESSIONNEL

Sur le plan professionnel, on t'invite à faire attention à ton organisation et à la planification de tes projets. Parfois, tu peux te laisser déborder par tes projets professionnels, ce qui t'amène du stress et cette sensation de surmenage.

Tu es une personne spontanée dans ton travail, mais l'énergie du loup que tu reçois aujourd'hui t'invite à apporter plus de planification et d'organisation dans ton travail.

Tu verras que cela apportera de la fluidité dans ton milieu professionnel.

On souhaite également attirer ton attention sur le fait que tu peux faire face à une rude concurrence au travail en ce moment.

Les personnes de ton environnement professionnel peuvent ne pas avoir des intentions aussi bienveillantes que les tiennes, donc fais attention à ne pas trop dévoiler tes projets.

L'esprit du loup te guide pour rester sur la défensive et garder une certaine méfiance vis-à-vis de la concurrence.

MESSAGE SENTIMENTAL

Aujourd'hui, dans ta relation sentimentale, tu peux parfois ne pas te sentir totalement libre, avoir cette sensation que tu es retenu par ton couple.

Ici, on t'invite à cultiver ce sentiment de liberté, car tu as besoin de ressentir une véritable liberté.

Actuellement, tu peux par exemple passer quelques jours ou bien un week-end seul, loin du quotidien pour te recentrer sur toi-même et cultiver ce sentiment de liberté.

Si tu es célibataire, les énergies ne sont pas vraiment favorables pour toi pour t'ouvrir à une relation sentimentale, on t'invite plutôt à cultiver l'amour de soi et à renforcer ton besoin d'indépendance et de liberté.

LES CONSEILS D'OZALEE

Le loup rêveur

+ Ouvre-toi à ta liberté.

+ Connecte-toi à tes instincts primaires.

+ Effectue un voyage chamanique à la rencontre de l'esprit du loup.

+ Garde tes projets secrets pour éviter la concurrence.

9

LE MURMURE DU CERF

Innocence • Douceur • Enfant intérieur

9

LE MURMURE DU CERF

Mots-clés : innocence, douceur, enfant intérieur

Dans le chamanisme, la médecine du cerf apporte une énergie de douceur, de bienveillance et de compassion envers soi-même.
Il est le symbole de la douceur et de l'énergie du cœur.
L'énergie du cerf te guide pour faire face aux défis avec grâce.
Le cerf maîtrise l'art d'être à la fois déterminé et doux dans sa démarche.

MESSAGE CHAMANIQUE

Ce message est là pour te souvenir d'être doux avec toi-même.
Tu as une énergie de cœur débordante, mais parfois cela peut te coûter de donner trop de ton énergie aux personnes extérieures.
On t'invite à cultiver la douceur et la bienveillance envers toi-même, car c'est là où tout commence.
Plus tu pourras t'accorder de la bienveillance et de l'amour, plus tu pourras en donner aux autres.
Ici, on te rappelle de te reconnecter à ton enfant intérieur, car la dureté que tu as cultivée envers toi-même est plus forte à l'âge adulte.
Pour cela, tu peux par exemple regarder des films, des dessins animés ou te remettre à certaines activités que tu appréciais étant enfant.
Tout cela va te permettre de renouer avec ton passé et avec ton enfant intérieur qui ne demande qu'à s'exprimer pour augmenter ton taux vibratoire et t'apporter ses énergies de légèreté.
La médecine du cerf est une protection pour toi en ce moment.
Il te permet aussi d'être en contact avec les mystères de la vie et de te régénérer rapidement si une situation paraît difficile.
N'hésite pas à faire appel à ce puissant allié qui ne demande qu'à te protéger et te guider avec douceur.

MESSAGE PROFESSIONNEL

Sur le plan professionnel, on te rappelle surtout de ne pas être trop dur envers toi-même.

En ce moment, tu peux ressentir une oppression au niveau de ton plexus solaire en lien avec une pression dans le milieu professionnel.

Tu peux aussi avoir tendance à penser que tu n'es pas assez doué professionnellement.

En te connectant à l'énergie du cerf, tu pourras travailler en profondeur l'amour et l'estime de soi, tout ce dont tu as besoin en ce moment.

On t'invite également à faire preuve de complaisance à ton égard, à travailler sur l'estime de soi, car aux yeux de certains tu peux paraître effacé et tu as besoin de prendre ta place dans la sphère professionnelle.

En travaillant sur l'estime de soi, la compassion et ton chakra du cœur en lien avec le cerf, tu sauras prendre ta place et tu te sentiras détendu dans le milieu professionnel.

MESSAGE SENTIMENTAL

L'énergie du cerf est le symbole d'une belle union du cœur si tu es en couple.

Le cerf a cette particularité de pouvoir sans cesse se régénérer.

Ses cornes peuvent repousser une fois tombées.

Dans la relation, il se peut que certains schémas de pensée cèdent la place à un nouveau cycle dans la relation.

Les énergies sont très positives, car elles montrent une relation saine, honnête et un amour profond.

Tu peux être en confiance si tu reçois ce message.

Si tu es célibataire, on t'invite à ne pas être aussi dur envers toi-même ou envers tes relations passées, et on te demande de t'aimer avant tout.

Reste optimiste sur ta vie amoureuse, concentre-toi sur la pensée positive qui t'apportera le véritable amour.

LES CONSEILS D'OZALEE

Le murmure du cerf

✦ Reconnecte-toi
à ton enfant intérieur
en regardant un dessin animé.

✦ Lis des contes
pour enfants.

✦ Prévois un voyage
chamanique
à la rencontre
de la douceur du cerf.

10

L'ÉLAN DU CHEVAL

Passion • Motivation • Fougue

10

L'ÉLAN DU CHEVAL

Mots-clés : passion, motivation, fougue

Le cheval est un animal très présent dans la culture amérindienne. Le mode de vie nomade qui implique un contact étroit et permanent avec le cheval représente la fougue, la passion et l'action.
Il est emblématique de la motivation qui nous permet de prendre des décisions et de foncer en écoutant notre cœur.

MESSAGE CHAMANIQUE

En ce moment, tu es invité à t'ouvrir à l'énergie du cheval qui t'apporte confiance, motivation et dynamisme.
Tu es amené à t'ouvrir à ta liberté, à ta fougue et à ton côté aventurier pour apprécier les bonheurs de la vie.
Plutôt que de toujours planifier, douter et avoir peur, le cheval t'accompagne dans une aventure (un projet, une relation, un voyage ou autre) sans savoir vraiment où elle te mènera.
Quand tu reçois l'énergie du cheval, ton âme cherche à retrouver sa liberté pour se sentir pleinement épanoui.
Ton âme a besoin aujourd'hui de ressentir des émotions fortes et des désirs passionnés.
Le cheval t'aide également à ouvrir ta liberté d'expression, parfois tu peux avoir l'impression de ne pas t'exprimer pleinement.

MESSAGE PROFESSIONNEL

L'énergie du cheval dans un contexte professionnel indique qu'il est temps pour toi de saisir une opportunité professionnelle qui peut sembler risquée à première vue mais qui assurera succès et abondance.
Le cheval apporte ses énergies d'imprévisibilité, il est possible que tu reçoives une nouvelle surprenante mais pas désagréable.
Il est temps pour toi de tenter quelque chose d'inhabituel et de quitter ta zone de confort afin d'élargir tes expériences et tes compétences.

MESSAGE SENTIMENTAL

Dans un contexte sentimental, l'énergie du cheval indique un début de relation remplie de passion et orientée vers le plaisir et le jeu de la nouveauté.
Si tu es dans un début de relation, on te conseille de te lancer pleinement dans l'aventure et la découverte de l'autre, car le cheval t'accompagne pour garder cette légèreté.
Si tu es en couple, l'énergie du cheval est là pour t'indiquer que la relation manque de légèreté et de fun.
Tu peux, par exemple, essayer de mettre en place des soirées jeux de société ou bien partager des loisirs pour remettre plus de gaîté dans la relation.

LES CONSEILS D'OZALEE

L'élan du cheval

- Lance-toi à cœur perdu.
- Accepte une opportunité qui te semble risquée.
- Effectue un voyage chamanique à la rencontre de l'esprit du cheval.
- Ouvre-toi à la nouveauté.

11

LE MYSTÈRE DU CORBEAU

Mystère • Chance • Magie

11

LE MYSTÈRE DU CORBEAU

Mots-clés : mystère, chance, magie

Tout au long de l'histoire, le corbeau a eu des représentations plutôt négatives, souvent associé à la mort ou à une mauvaise nouvelle.
Dans le chamanisme, le corbeau est lié aux mystères de la vie, à la magie et à la chance.
Il nous aide à nous connecter à notre magie intérieure et à nous ouvrir aux mystères des mondes subtils.

MESSAGE CHAMANIQUE

La médecine du corbeau est très belle.
Comme les corbeaux sont des animaux très communs et qu'on en trouve quasiment partout dans le monde, ils permettent de nous rappeler la magie qui est omniprésente autour de nous.
Le corbeau a un lien très fort avec le travail alchimique.
Tu es invité à t'ouvrir à la magie présente dans les mondes subtils et à t'intéresser à l'alchimie.
On t'invite à te connecter à l'énergie du corbeau qui t'accompagne en ce moment pour explorer les mystères de la vie et développer ta capacité à percevoir les énergies subtiles.
L'énergie du corbeau t'aidera aussi à affiner ton pouvoir de perception. Comme tous les oiseaux, le corbeau a la capacité de voir les situations avec une meilleure perspective et plus de hauteur.
Recevoir cette carte est également un signe de chance, au jeu ou autre.
C'est une période favorable pour tenter un jeu de chance.
Les corbeaux semblent toujours se tirer d'affaire, que ce soit pour attraper un morceau de nourriture ou se faufiler dans les nids d'autres oiseaux.
Si tu es dans une situation compliquée actuellement, fais appel à l'énergie du corbeau qui saura t'aider à trouver la meilleure solution.

MESSAGE PROFESSIONNEL

Dans le milieu professionnel, le corbeau t'apporte des énergies de chance.
On t'indique que ce que tu désires coté professionnel peut se concrétiser.
Si tu souhaites évoluer, demander une promotion ou bien te lancer dans un projet, c'est le bon moment.

MESSAGE SENTIMENTAL

Les énergies du corbeau dans le domaine sentimental apportent de très belles surprises.
Cette carte indique une relation durable et intense guidée par l'intuition.
Si tu es en couple et que ton couple traverse une période difficile, les énergies du corbeau te demandent d'écouter ta sagesse intérieure qui te délivrera des messages clés concernant ta relation.
Si tu es célibataire, tu vas prochainement recevoir beaucoup de messages de tes guides, signes et synchronicités pour t'indiquer qu'une nouvelle rencontre est proche.

LES CONSEILS D'OZALEE

Le mystère du corbeau

- Fais confiance à ton intuition.
- Écoute les signes et messages que tu reçois.
- Ouvre-toi à la magie de la vie.
- Intéresse-toi à l'alchimie.
- Effectue un voyage chamanique à la rencontre du corbeau.

12

L'OURS PROTECTEUR

Force • Ancrage • Solitude

12

L'OURS PROTECTEUR

Mots-clés : force, ancrage, solitude

L'ours est l'un des animaux les plus vénérés dans de nombreuses traditions.
Dans plusieurs cultures, cet animal est honoré pour sa force et son courage de se battre contre l'adversité.
Dans certains pays nordiques, les Vikings portaient des peaux d'ours en temps de guerre pour faire peur à l'ennemi.
L'ours était considéré comme l'animal le plus fort et le plus effrayant par son courage et sa combativité.
Dans le chamanisme, l'ours est emblématique de la force et de la connexion avec la terre.

MESSAGE CHAMANIQUE

L'ours t'apparaît ici comme un protecteur et un allié.
Tu es invité à travailler davantage sur ton chakra racine et ton ancrage.
Pour cela, connecte-toi à l'énergie de l'ours à travers un voyage chamanique ou bien en passant plus de temps dans la nature à te promener. Tout cela te permettra de te sentir plus ancré.
On t'invite également, à l'instar de l'ours, à trouver ton équilibre dans la solitude.
Prends un moment pour toi, recentre-toi sur l'essentiel, mais aussi sur ta puissance personnelle et sur l'affirmation de toi afin de t'affirmer dans ton espace personnel.
Cette période d'introspection te permettra d'avancer dans ta quête de vérité sur toi-même et sur la vie de manière générale.
L'ours est ici pour te rappeler que ton âme a un grand besoin de liberté et que des changements vont avoir lieu dans ta vie pour que tu puisses ressentir cette liberté.

MESSAGE PROFESSIONNEL

Sur le plan professionnel, tu peux en ce moment ressentir une forme d'insatisfaction.

Tes missions actuelles ou bien l'environnement de travail semblent t'ennuyer.

Tu peux également te sentir fatigué et avoir cette sensation que les choses et tes projets stagnent, qu'ils ont du mal à avancer et à se concrétiser.

Les énergies de l'ours sont là pour t'apporter un meilleur ancrage afin que tu puisses avancer dans tes projets.

D'autres projets t'appellent ; plus tu seras ancré et plus tu recevras des opportunités en lien avec ces projets.

Il sera prochainement temps de tourner le dos à ce qui t'épuise pour aller dans une autre direction professionnelle où tu te sentiras plus aligné.

MESSAGE SENTIMENTAL

Les énergies de l'ours dans le domaine sentimental t'apportent confiance et protection.

Si tu es en couple, on t'invite à faire confiance à la personne qui partage ta vie, car cette personne est protectrice envers toi. Aie confiance en ce que cette personne pourra t'apporter dans la relation.

On t'indique bien que cette personne est fiable et honnête.

Si tu es célibataire, il semble que quelque chose te retienne avant de te lancer pleinement dans une relation.

Tu es invité à prendre un moment pour toi, pour continuer ta guérison émotionnelle.

L'ours t'apporte une période de solitude avant de te sentir totalement prêt à te lancer dans une relation sentimentale.

LES CONSEILS D'OZALEE

L'ours protecteur

- Travaille davantage sur ton chakra racine.
- Effectue un voyage chamanique à la rencontre de l'ours.
- Cultive l'introspection et la solitude.

13

LA PANTHÈRE DE L'OMBRE

Courage • Bravoure • Inconnu

13

LA PANTHÈRE DE L'OMBRE

Mots-clés : courage, bravoure, inconnu

Dans le chamanisme, la médecine de la panthère t'aide à affronter tes peurs et certains comportements négatifs ou l'anxiété, et permet d'explorer certains aspects inconnus et ténébreux de ton âme. Elle permet d'aller en profondeur face à ton véritable toi.

Le léopard noir, plus connu sous le nom de « panthère noire », est une variation de couleur liée à une mutation génétique appelée « mélanisme » : la fourrure conserve ses taches, mais celles-ci ne sont visibles que sous certains angles de lumière.

MESSAGE CHAMANIQUE

La médecine de la panthère noire t'accompagne en ce moment, car il est temps pour toi de récupérer ta force et ton pouvoir.

Ces derniers temps, tu as pu te sentir plus faible, plus vulnérable et plus fatigué.

Tu as du mal à t'affirmer et tu peux même côtoyer une personne qui te prend beaucoup d'énergie.

La panthère est ici pour te souvenir d'accueillir ta témérité afin de poursuivre ta voie.

En te connectant aux énergies de la panthère noire, tu pourras accepter et accueillir la force, l'affirmation de toi et poser tes limites ainsi que le courage d'agir dans des situations compliquées.

Si la panthère chemine en ce moment à tes côtés, c'est également que tu vas commencer un nouveau chapitre de ta vie et elle te donnera la force de réussir.

La panthère noire te demande de t'ouvrir au plus profond de toi : aux émotions refoulées, peurs cachées ou bien blessures du passé.

Elle t'aide à guérir ces blessures et te donne la force d'apprendre de ton passé pour aller vers le futur avec confiance.

On t'invite à ne pas renier mais plutôt accueillir ta force obscure, car la renier ne ferait qu'accentuer ton air bienveillant.
La panthère, ici, éveille ta passion et ton désir de réussir.
Elle t'aide également à aiguiser ta clairvoyance et ton intuition, à écouter ta voix intérieure et agir selon ton intuition.
Maîtriser la médecine de la panthère noire revient à maîtriser l'énergie de l'ombre sans succomber à ses tentations.

MESSAGE PROFESSIONNEL

Les énergies de la panthère noire apportent de l'inconnu et de l'imprévisibilité dans le milieu professionnel.
Il se peut qu'un projet en cours soit ralenti ou qu'un évènement imprévu survienne, ce qui pourrait retarder l'avancée de tes projets.
On te demande ici de prendre conscience de l'imprévisibilité de la vie dans le milieu professionnel.
Accueille cette imprévisibilité au lieu de la craindre.

MESSAGE SENTIMENTAL

Tu peux avoir peur de te lancer dans une relation, car tu crains l'échec.
Tu peux avoir des peurs liées à l'abandon, à la trahison, et tu peux redouter une opportunité qui se présenterait à toi.
Toutes ces pensées négatives que tu as accumulées concernant tes relations amoureuses influent aujourd'hui sur ta vie sentimentale.
On ne te demande pas de les refouler, mais bien de les accueillir et de les apaiser.
Tu peux faire cela *via* plusieurs techniques, comme l'EFT ou l'EMDR, qui t'enlèveront la charge émotionnelle que tu portes encore dans tes énergies.
En travaillant sur ces peurs plutôt que de te les cacher, tu te sentiras plus libre et tu pourras enfin être dans l'instant présent sans douter.
Si tu es dans une relation actuellement, il se peut que certaines tensions se fassent sentir.
On te demande de ne pas renier ces tensions, mais de les accueillir afin de comprendre pourquoi elles sont là.

LES CONSEILS D'OZALEE

La panthère de l'ombre

✦ Effectue
un voyage chamanique
à la rencontre de l'esprit
de la panthère.

✦ Accueille ta part d'ombre.

✦ Ouvre-toi à ton courage
et à ta témérité.

✦ Accueille l'inconnu
et l'imprévisibilité.

14
L'AIGLE MESSAGER
Observation • Synchronicités • Signes

14

L'AIGLE MESSAGER

Mots-clés : observation, synchronicités, signes

Dans le chamanisme, la médecine de l'aigle met l'accent sur la capacité d'observation en s'élevant pour avoir une vision d'ensemble et prendre du recul par rapport aux situations dans lesquelles on se trouve.
Il encourage le développement de l'intuition dans notre vie quotidienne et il est un allié puissant pour élever notre conscience spirituelle.
En se connectant à la médecine de l'aigle, on gagne en puissance d'observation, ce qui nous permet de nous focaliser sur les projets que nous souhaitons accomplir tout en ayant une vision globale.

MESSAGE CHAMANIQUE

Si une situation te paraît floue ou compliquée, on t'invite à t'inspirer de la médecine de l'aigle en prenant de la hauteur afin d'avoir une vision simple et claire de la situation et ainsi pouvoir prendre la meilleure décision.
L'aigle est présent en ce moment dans tes énergies pour t'accompagner, il est le messager du monde des esprits et tu peux recevoir beaucoup de signes et de synchronicités de cet animal.
Il t'aidera à comprendre quelle est la meilleure décision à prendre.
On te demande également, comme l'aigle, de développer ta capacité d'observation.
Ouvre bien les yeux sur les signes que tu peux recevoir en ce moment, car tu reçois beaucoup de signes, mais tu n'y prêtes pas forcément attention.
Il peut s'agir d'heures miroirs, de synchronicités ou autres.
Quand le moment opportun se présentera en lien avec les signes que tu reçois, on t'invite à prendre les devants et à tout mettre en place pour concrétiser ce que tu souhaites réaliser, ne sois pas dans l'attente.

MESSAGE PROFESSIONNEL

Tu es amené à prendre de la hauteur par rapport à ta situation professionnelle. En ce moment, il se peut que tu ressentes une confusion dans la prise d'une décision.

En prenant de la hauteur et du recul, tu acquerras une meilleure perspective. L'aigle a cette capacité de voir dans les moindres détails ; en te connectant à ses énergies, tu comprendras certains détails qui paraissent flous encore aujourd'hui.

Tu es accompagné par l'esprit de l'aigle concernant ta situation professionnelle. On t'invite également à t'ouvrir aux signes et aux messages que tu peux recevoir sous différentes formes, car l'aigle qui t'accompagne t'apporte beaucoup de messages et de signes.

MESSAGE SENTIMENTAL

Si tu es célibataire, il serait préférable d'attendre pour le moment, car tes guides indiquent que le moment n'est pas opportun pour toi de te lancer dans une relation.

On te demande de ne pas te précipiter.

Que tu sois en relation ou célibataire, tu es invité à te connecter aux énergies de l'aigle pour ne pas te laisser entraîner par cette passion qui parfois te fait aller trop vite ou prendre des décisions trop hâtives.

Ici, on t'invite à prendre du recul et de la hauteur, ce qui te permettra de te connecter à ce dont tu as vraiment besoin dans une relation.

LES CONSEILS D'OZALEE

L'aigle messager

✦ Effectue
un voyage chamanique
à la rencontre de l'esprit
de l'aigle.

✦ Ne prends pas de décisions
trop hâtives.

✦ Prête une attention particulière
aux signes et synchronicités
en ce moment.

15

LES LUCIOLES D'OR

Magie • Idées • Simplicité

15

LES LUCIOLES D'OR

Mots-clés : magie, idées, simplicité

Les lucioles, ces coléoptères, s'illuminent en utilisant la bioluminescence. La luciole est un insecte nocturne qui préfère la nuit à la lumière du jour.
Elle symbolise la lumière dans l'obscurité ainsi que le mystère et la magie de la vie.
Les lucioles sont très présentes dans le chamanisme celte qui les considérait comme l'étincelle de vie, où étaient puisés l'espoir et la force de se sortir des situations les plus obscures.
Au Japon, les lucioles sont très importantes, une fête leur est consacrée, car elles sont considérées comme un trésor national.

MESSAGE CHAMANIQUE

Tu es actuellement accompagné, guidé et protégé par les lucioles.
Elles sont là pour éclairer ton chemin dans le voyage de ta vie et t'apporter lumière et espoir quand tout semble sombre.
En te connectant à la magie des lucioles qui t'accompagnent, cela t'aidera à briller et rayonner de ta lumière intérieure afin que tout le monde puisse la voir.
Ta beauté intérieure est merveilleuse à voir.
On t'indique qu'il faut prendre conscience de ta nature douce et attentionnée, et on te montre que toi seul peux éclairer la voie de quiconque a besoin d'être guidé.
Recevoir cette carte t'indique que cela fait partie de ta mission de vie d'éclairer les chemins des personnes qui en ont besoin.
La luciole te conseille également de t'entourer d'autres personnes ayant les mêmes dispositions d'esprit que toi afin que ta lumière intérieure puisse continuer à briller.

La luciole est un animal qui se contente de peu et elle t'invite également à mener une vie simple.
Elle peut te ramener à la mémoire des souvenirs de l'innocence de ton enfance, te permettre de te rappeler qui tu es et te guider vers la personne que tu seras.

MESSAGE PROFESSIONNEL

Dans le domaine professionnel, les lucioles d'or t'apportent des énergies de curiosité.
En ce moment, tu peux avoir envie de t'ouvrir à différents domaines, car tu ne sais pas encore quelle direction prendre professionnellement.
Tes guides te demandent de développer cette phase de découverte en expérimentant différents domaines.
Ouvre-toi à ces énergies de curiosité, car tu vas apprendre énormément de cette période.
On te demande de ne pas forcer ton choix sur la direction professionnelle à prendre mais bien de continuer ta phase d'exploration, car tu trouveras très rapidement ton chemin.

MESSAGE SENTIMENTAL

Sur le plan sentimental, les lucioles d'or t'apportent des énergies de simplicité.
Tu peux douter avant de te lancer dans une relation amoureuse, car tu as peur de ne pas être à la hauteur.
Tes guides te demandent de t'ouvrir aux énergies de la simplicité.
Que tu sois en couple ou célibataire, on te dit bien que ce n'est pas en changeant la personne que tu seras heureuse dans une relation.
On t'invite à cultiver l'authenticité et la simplicité dans ta situation sentimentale.

LES CONSEILS D'OZALEE

Les lucioles d'or

✦ Cultive la simplicité.

✦ Effectue un voyage chamanique
à la rencontre des lucioles.

✦ Ouvre-toi
à la magie de la vie.

✦ Ouvre-toi
à la curiosité.

✦ Prends conscience
de ta douceur.

LES MESSAGES DES CARTES

Le monde du milieu

16

LA FÉE DÉVAS

Élémentaux • Nature • Légèreté

16

LA FÉE DÉVAS

Mots-clés : élémentaux, nature, légèreté

Le nom Dévas vient du sanskrit qui signifie « être de lumière brillant ».
Les Dévas sont des fées de la nature plutôt discrètes.
Ce sont des créatures éthérées qui sont en lien avec les élémentaux.
Dans le chamanisme, les Dévas se trouvent dans le monde du milieu, qui correspond à la contrepartie du monde invisible du monde dans lequel on vit, les Dévas sont tout autour de nous.
Ces créatures brillent de mille feux, ont souvent une couleur assez translucide et émettent des énergies très pures. Ce sont des créatures pouvant prendre n'importe quelle apparence.
Elles ont pour mission d'aider à maintenir l'équilibre du monde des plantes.
Chaque plante et chaque fleur possèdent sa propre Dévas qui la guide et la soigne.

MESSAGE CHAMANIQUE

L'esprit de la Fée Dévas t'accompagne en ce moment. Elle t'indique que tu as un lien fort avec les esprits de la nature. Pour évoluer spirituellement, tu es invité à te connecter au petit peuple (fées, elfes, lutins, ondines, farfadets…)
On te demande de te plonger au cœur de la forêt et de te reconnecter à ton enfant intérieur dans cet endroit si magique, pour partir à la rencontre de ce peuple qui t'a autrefois beaucoup apporté et qui ne demande qu'à te retrouver aujourd'hui.
Tu vas être amené à communiquer avec eux et à établir des liens amicaux avec ces êtres merveilleux.
L'esprit de la Fée Dévas est là pour t'accompagner dans la reconnexion à ton enfant intérieur et à l'innocence de ton âme.
Tu es invité à ouvrir ton chakra du cœur pour renforcer cette connexion aux esprits de la nature et recevoir leurs messages.

MESSAGE PROFESSIONNEL

Pour le moment, les énergies se mettent en place pour qu'un projet professionnel voie le jour.
Avec l'énergie des élémentaux, on t'invite à te libérer des anciens échecs professionnels que tu as pu connaître et à te libérer de cette attente du projet parfait, qui peut parfois te faire stagner.
Les élémentaux travaillent dans l'invisible pour te guider vers le meilleur chemin pour toi.
Tu peux faire appel à la Fée Dévas afin qu'elle t'aide à être dans l'action et te libérer de cette peur qui t'empêche d'avancer.
Il est possible qu'un déplacement professionnel ou une mutation dans un endroit avec des vibrations plus élevées se produise prochainement.

MESSAGE SENTIMENTAL

Si tu es en couple, la Fée Dévas apporte un très bon présage.
Elle t'apporte de la légèreté dans le couple et un apaisement des tensions.
Ton couple est en train d'évoluer vers une relation saine.
N'hésite pas à te connecter à l'énergie de la Fée Dévas à travers la méditation ou des affirmations afin d'augmenter ton taux vibratoire.
La Fée Dévas te conseille d'apporter une sensation de légèreté dans ton couple, comme un voyage, un week-end dans une énergie différente de celles où vous vous trouvez actuellement.
Si tu es célibataire, tu rentreras dans une énergie de séduction avec l'esprit de la Fée Dévas qui t'accompagne et tu seras ouverte à des rencontres qui auront lieu prochainement.

LES CONSEILS D'OZALEE

La Fée Dévas

✦ Passe du temps dans la forêt
en posant l'intention
de te connecter aux énergies
des élémentaux.

✦ Reconnecte-toi
à ton enfant intérieur
par le jeu.

✦ Effectue un voyage chamanique
à la rencontre de la fée Dévas.

17

OZA' DREAM

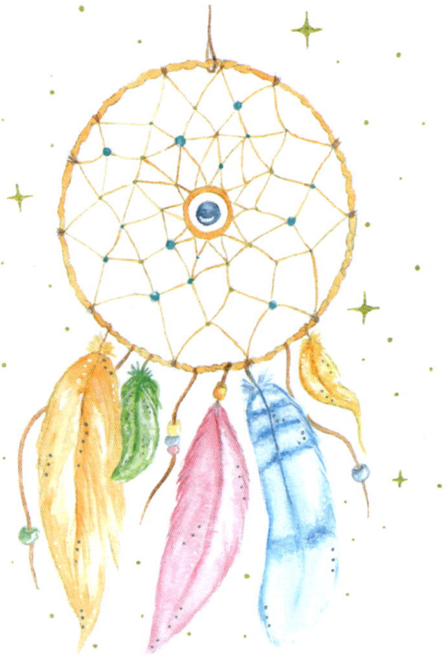

Monde onirique • Sommeil • Messages

17

OZA' DREAM

Mots-clés : monde onirique, sommeil, messages

Un Oza'Dream est un attrape-rêves artisanal et programmé d'un soin énergétique que j'ai créé pour pouvoir travailler certains blocages durant la nuit.

Dans les peuples autochtones d'Amérique du Nord, l'attrape-rêves empêche les mauvais rêves d'envahir le sommeil du détenteur.

Cela agit comme un filtre pour conserver les messages des guides que tu reçois dans la nuit et capturer les mauvais songes, qui seront ensuite brûlés aux premières lueurs du jour.

Si on écoutait davantage nos rêves, on comprendrait beaucoup mieux les besoins de notre âme.

Nous avons toutes les réponses en nous et nous sommes guidés à travers les rêves.

MESSAGE CHAMANIQUE

Aie confiance dans les visions qui t'apparaissent dans les rêves.

En ce moment, tu reçois beaucoup de messages et de soins de tes guides et des animaux qui t'accompagnent à travers les rêves.

Tu es invité à prendre un petit moment au réveil pour noter les symboles, les signes qui te sont venus durant la nuit et tes sensations : comment tu te sens au matin. Tenir un journal des rêves te permettra de comprendre certains messages que tes guides te font passer à travers tes songes.

Tu es également invité à être dans une plus grande connexion à ton chakra coronal.

Tu peux utiliser des pierres comme l'améthyste à poser à côté de ton lit pour te permettre d'ouvrir ton chakra coronal et ainsi recevoir les messages de tes guides dans tes rêves.

Tu peux également utiliser un attrape-rêves ou un Oza'Dream afin de travailler sur tes problématiques durant ton sommeil.

Cette carte apparaît également si en ce moment tu as besoin d'un grand repos, que tu ne dors pas assez et que ton corps physique a besoin de sommeil pour pouvoir se sentir bien.
Prends soin de ton corps physique en te reposant avant de te lancer dans quoi que ce soit.

MESSAGE PROFESSIONNEL

Ne vis pas ta vie, mais vis tes rêves.
Tu as encore ces peurs et ces doutes concernant tes projets professionnels, et tu remets en question beaucoup de choses en restant dans ta zone de confort.
Tu doutes encore de la voie à prendre au niveau professionnel.
L'énergie de l'attrape-rêves t'invite à mettre en place les actions requises pour aller au bout de tes rêves. Elle t'invite à être dans l'action, à commencer à appliquer les idées que tu as déjà.
N'hésite pas à planifier tes idées et à travailler sur la stratégie de ton projet afin d'être déjà dans cette énergie d'action.
Tu peux aussi conserver un attrape-rêves à proximité de ton lit ou sous ton oreiller en posant l'intention qu'il t'aide à obtenir ce que tu désires, et même à obtenir plus de clarté concernant ton chemin professionnel.

MESSAGE SENTIMENTAL

Si tu es en couple, tu peux encore avoir des doutes et des peurs concernant ta relation sentimentale.
Cela te laisse dans des schémas de pensée bloquants, qui peuvent aboutir à une relation pas forcément saine.
Nous avons les réponses en nous et les guides sont là pour nous transmettre des indices concernant ces réponses. Comme le dit le proverbe : « La nuit porte conseil ».
Tu es invité à poser des intentions claires avant de t'endormir comme : « Quelle est la meilleure chose à faire pour moi concernant mon couple ? » puis à prendre des décisions en fonction des réponses qui te seront apportées durant la nuit.
Si tu es célibataire, pour le moment tu es invité à travailler sur toi avant tout et surtout à prendre soin de toi avant de te lancer dans une relation.

LES CONSEILS D'OZALEE

Oza' Dream

✦ Tiens un journal
de tes rêves.

✦ Place un Oza' Dream
au-dessus de ton lit
pour filtrer les mauvais songes.

✦ Dors au moins
8 heures par jour.

18

LA QUÊTE DE VISION

Recherche • Quête de soi • Introspection

18

LA QUÊTE DE VISION

Mots-clés : recherche, quête de soi, introspection

Dans le chamanisme, la quête de vision est un rite de passage puissant.
Il consiste à se retrouver seul dans la nature pendant plusieurs jours et à jeûner pour atteindre un état de transe et permettre de se connecter à ses guides et ancêtres afin de se connaître et mieux se comprendre.
Chez certains peuples autochtones, dès l'âge de 14 ans, la personne était conduite à la montagne pour y vivre une quête de vision qui l'amenait à confronter ses peurs et à les comprendre.
Elle y jeûnait pendant plusieurs jours et nuits et devait rester éveillée longtemps afin d'être confrontée à ses démons intérieurs.
Ce rite de passage est considéré comme une petite mort pour renaître plus vivant et avec une meilleure compréhension de soi.

MESSAGE CHAMANIQUE

En ce moment, tu peux être confronté à des peurs, des angoisses ou même des pensées négatives. Pendant longtemps, tu n'as pas été totalement toi.
Et aujourd'hui, on te demande de prendre le temps de faire une pause et de passer par une grande introspection.
Ce temps pourra, certes, être douloureux, car tu devras te confronter à tes démons intérieurs mais il te guidera, à terme, vers une meilleure compréhension de toi-même et un bien-être général.
On te demande de devenir « ton véritable toi ». Tu es en train de découvrir qui tu es vraiment, et cela te rapproche petit à petit de ta mission de vie.
Ne te définis pas par rapport à ce qu'on dit de toi. Tu es invité à retrouver les connaissances acquises dans tes vies antérieures pour partir à la rencontre de celui que tu étais et trouver ta mission de vie. Toutes les réponses sont en toi.
On te demande aujourd'hui de faire preuve de courage pour affronter tes

peurs, tes doutes afin d'en ressortir plus grand et vivant, ce qui te permettra de sortir totalement de ta zone de confort.

Tu peux par exemple choisir de vivre une expérience comme le rituel de la hutte de sudation si la quête de vision te paraît trop difficile.

Dans cette période d'introspection, tu es invité à prendre du temps, à t'isoler, à cultiver l'amitié envers toi-même et à cultiver la compassion pour toi-même.

MESSAGE PROFESSIONNEL

Dans un tirage professionnel, la quête de vision indique le changement et la préparation à toutes les éventualités. Des changements importants dans l'environnement de travail sont à attendre quand cette carte se présente.

Pour le moment, tu es en pleine remise en question par rapport à ton travail et ta mission de vie.

Tu es en train de rentrer dans une énergie d'introspection, ce qui va amener un changement important.

Il peut s'agir d'un changement important dans le travail actuel comme une réorganisation, une restructuration ou bien, tout simplement, une fin de contrat pour laisser place à un nouveau travail.

Ces changements sont source de stress et de peurs pour toi, mais il est important que tu gardes à l'esprit que ce changement est nécessaire.

On te demande d'affronter tes peurs, de quitter ta routine et ta zone de confort pour te lancer dans quelque chose qui peut faire peur mais qui, à terme, sera bénéfique pour toi.

MESSAGE SENTIMENTAL

Si tu es en couple, cette carte indique que la transformation de ta personne entraînera des changements dans ta relation de couple.

Une rupture peut se produire si vos énergies respectives ne vibrent plus ensemble ou un renouveau dans la relation, si vos énergies vibrent sur la même fréquence, qui donnera une relation encore plus belle et intense.

Si tu es célibataire, les difficultés subies dans les relations précédentes ne sont pas encore acceptées.

Tu vas peu à peu être amené à faire un deuil de tes relations passées.

La quête de vision te conseille de te guérir émotionnellement de ton passé amoureux avant de pouvoir vivre une nouvelle histoire d'amour.

LES CONSEILS D'OZALEE

La quête de vision

✦ Confronte-toi
à tes peurs.

✦ Dépasse-toi.

✦ Passe par une période de jeûne
afin de retrouver la clarté
de l'esprit.

19

LA DANSE SACRÉE

Danse • Mouvement • Corps physique

19

LA DANSE SACRÉE

Mots-clés : danse, mouvement, corps physique

Dans le chamanisme, la danse est un moyen de partager des sentiments, la passion, mais c'est aussi un moyen de se relier aux grandes forces de l'Univers.
La danse permet aussi la libération émotionnelle.
Le fait, pendant un instant, de ne plus contrôler son corps et de se laisser totalement aller au rythme de la musique permet de se libérer émotionnellement de certaines énergies qui nous pèsent.
C'est une forme de guérison au même titre que le chant ou un voyage chamanique.
La danse est un voyage qui nous permet aussi de nous connecter à nos alliés et de pénétrer dans un monde plus vaste. On peut vivre une expérience de transe par la danse.

MESSAGE CHAMANIQUE

En ce moment, il est possible que tu manques de « booste » et d'énergie et que tu aies perdu ton dynamisme et cette étincelle qui faisait bouger ton corps.
On t'invite à t'éveiller à la danse intuitive, à te connecter à la médecine de la danse. Cela te permettra de te libérer émotionnellement et d'éveiller ton corps physique qui a besoin de mouvement.
On t'invite à danser en pleine conscience, à prêter attention à ce qui se passe pendant ce moment de danse intuitive : Quels sont tes ressentis ? Quelle partie du corps a le plus besoin de bouger ?
Cette danse intuitive te permettra de te détacher du contrôle, car tu ne peux pas tout contrôler. Pour cela, on te demande de te libérer physiquement à travers le mouvement, en particulier la danse.
Je te propose d'expérimenter la danse intuitive : ferme les yeux, mets un bandeau sur tes yeux, reconnecte-toi à ton « moi profond » et laisse le rythme de la musique te guider.
Laisse-toi aller, sans chercher la beauté, seulement à te détacher du contrôle.

Tu es invité à travailler sur ton ancrage à travers la danse, à être connecté à la terre et à ressentir son énergie et ses vibrations.
Cette carte t'invite à travailler sur ton corps physique, celui qui manque le plus de ton attention.
En prenant soin de ton corps physique, en te nourrissant bien, en t'hydratant suffisamment et surtout en bougeant, tu permettras à ton corps physique de se sentir plus aligné et ainsi d'augmenter ton taux vibratoire.

MESSAGE PROFESSIONNEL

En ce moment, tu es grandement invité à passer à l'action, à prendre une résolution ferme, à explorer les possibilités qui te tiennent vraiment à cœur et à trouver enfin ta voie d'épanouissement professionnel, même si parfois tu peux avoir envie de choisir des solutions de facilité, car elles te permettent de rester dans une certaine zone de confort.
On te rappelle que tu possèdes toutes les capacités et les talents pour réussir et que ceux-ci ne demandent qu'à être utilisés dans la bonne direction professionnelle.
Il est possible que cette carte annonce un changement de poste ou bien une mobilité géographique dans le domaine professionnel.
Tu vas rentrer dans une nouvelle concrétisation de projets qui sera positive pour toi. Ce n'est plus le moment de procrastiner, tu es invité à te libérer de cette attente qui devient un poids en agissant enfin pour mettre en place ton projet professionnel.
Agis et va de l'avant, c'est le bon moment pour toi.

MESSAGE SENTIMENTAL

Concernant ta vie sentimentale, la danse apporte une énergie de passion dans le couple. La relation peut être vécue de façon intense, cela peut paraître effrayant au premier abord, car tu peux ressentir une sorte d'euphorie. Mais on te demande de profiter de cette sensation.
Si tu es célibataire, tu es invité à sortir, à bouger ton corps et à te reconnecter avec ton corps afin de te sentir bien dans ta peau.

LES CONSEILS D'OZALEE

La danse sacrée

✦ Pratique
la danse intuitive.

✦ Fais du sport
et bouge ton corps.

✦ Prends soin
de ton corps physique
en prenant par exemple
un bon bain
aux huiles essentielles.

✦ Pratique un sport doux
qui te connecte à ton corps
comme le yoga
ou le Pilates.

20

LA LOGE DE LUNE

Féminin sacré • Chakra sacré • Fertilité

20

LA LOGE DE LUNE

Mots-clés : féminin sacré, chakra sacré, fertilité

Pour les Amérindiens, le passage à la vie d'adulte chez la femme était célébré par une fête organisée après les premières lunes (les premières règles).

La période menstruelle de la femme est appelée « les lunes de la femme », car ce cycle biologique humain suit les cycles de la lune.

Lorsque cette occasion arrivait pour la première fois, c'était une réjouissance pour fêter la fertilité et un gage d'avenir pour la tribu.

Les femmes qui ont connu un événement aussi festif ont une haute estime d'elles-mêmes et de leur féminité.

Leurs lunes mensuelles sont des moments privilégiés permettant d'expérimenter une sorte de quête de vision. Elles avaient coutume de se regrouper durant cette période dans une habitation s'appelant « la loge de lune », elles s'y reposaient, méditaient et partageaient entre elles.

La loge de lune est devenue un rite de passage qui peut être vécu par les femmes à différents moments de leur existence.

MESSAGE CHAMANIQUE

En ce moment, tu es invité à créer un lien fort avec ta féminité.

La féminité se traduit de plusieurs manières : élégance, sensualité, fertilité, expression créatrice…

Cette carte t'appelle à te reconnecter à ton énergie féminine, à créer de la beauté dans ta vie en te connectant à tes sens par le goût, le toucher, le son, l'odorat et la vue.

Offre-toi par exemple une journée dans un spa, un bon massage pour te reconnecter à ton corps, profite d'un bon restaurant ou passe plus de temps avec ton partenaire.

Tu es aussi invité à découvrir différentes approches pour t'exprimer de manière créative, que ce soit par la peinture, la musique, le théâtre ou d'autres formes d'art.
C'est peut-être l'occasion idéale de te lancer dans un nouveau passe-temps qui te permettra d'accéder à cette partie de toi-même et de reconnecter à ta féminité sacrée.
Tu peux également honorer ta féminité à travers un partage, un cercle de femmes ou même une danse intuitive pour honorer ton corps.
Célèbre la femme que tu es.

MESSAGE PROFESSIONNEL

Dans le contexte professionnel, cette carte indique que tu es dans une énergie de créativité et que tu vas inspirer les autres autour de toi avec ta passion.
Tu es en train d'avoir de plus en plus d'idées sur le plan professionnel et on te demande d'avoir confiance en ces idées.
Si tu réfléchis à changer de carrière ou évoluer, c'est le bon moment pour te lancer, car tu as ce feu intérieur et cette passion qui t'apporteront le succès et l'abondance.
Cette carte est aussi l'indication que ta mission de vie est en lien avec les arts et la créativité.
C'est aussi une bonne carte pour suivre ton intuition en termes d'investissement, car tu es dans de bonnes énergies au regard de l'abondance financière.

MESSAGE SENTIMENTAL

Si tu es en couple, cette carte peut suggérer une grossesse ou une naissance. Il peut s'agir d'une véritable grossesse ou d'un accouchement ou bien d'une naissance métaphorique comme un nouveau projet au sein du couple.
Écoute ton intuition et donne vie à tes idées créatives en les nourrissant.
Une union plus intense dans la relation et sur le plan sensuel est en cours.
Si tu es célibataire, cette carte annonce une rencontre imminente, les énergies sont passionnelles en ce moment pour toi, tu es dans une énergie de rencontre et de légèreté dans tes relations.
La loge de lune est une carte sensuelle qui indique que tu retrouveras une sensualité épanouie et consciente en couple.

LES CONSEILS D'OZALEE

La loge de lune

✦ Prends soin de ton corps (journée spa ou massage).

✦ Exprime-toi de façon créative.

✦ Expérimente la sensualité sacrée.

21

L'AMOUR PARTAGÉ

Honnêteté • Partage • Amour

21

L'AMOUR PARTAGÉ

Mots-clés : honnêteté, partage, amour

L'amour Universel, c'est ne se poser aucune question et vivre dans l'instant présent. Cela requiert une humilité continuelle.
Vibrer cet amour est d'une puissance infinie, elle nous permet de nous connecter à notre force de résilience.
Tout le monde peut ressentir l'amour inconditionnel dès lors que nous prenons suffisamment de hauteur pour comprendre que chaque être humain fait partie du même voyage et que nous sommes un.

MESSAGE CHAMANIQUE

En ce moment, tu es invité à te reconnecter à l'amour inconditionnel et à l'amour universel à travers une forte connexion à ton chakra du cœur.
En vivant avec amour à chaque instant, tu rencontreras une forme de plénitude qui te permettra de t'éveiller à la partie la plus sage et divine de ton être.
L'amour est l'émotion la plus forte que nous pouvons ressentir et expérimenter, tu es invité à la ressentir en ce moment et à prendre conscience du fait que nous sommes un.
Les rencontres que nous faisons à travers notre existence permettent de nous rencontrer nous-mêmes.
Tu choisis à présent de vivre avec amour ton existence et à te connecter au pardon, au pardon pour toi-même.
Plutôt que de vivre avec rancœur, colère et peur, on t'invite à demander à tes guides de te connecter à l'énergie universelle d'amour, et tu verras que tu trouveras une harmonie avec toi-même.
Tu gagneras aussi une plus grande compréhension de la personne que tu es.
Cette compréhension de toi-même entraînera une plus grande connexion au niveau spirituel.
Ton véritable éveil est dans ton cœur.

MESSAGE PROFESSIONNEL

Cette carte signifie qu'une union (partenariat) se profile pour toi.
L'énergie de l'amour inconditionnel est très positive.
Tu es invité à te lancer dans des projets collaboratifs, une alliance professionnelle qui sera très favorable.
Les deux parties sont très enthousiastes et la relation professionnelle sera complémentaire et apportera succès et abondance.
On t'invite aussi à te respecter dans le travail, à poser tes besoins et tes limites en lien avec l'amour et le respect de soi.
N'hésite pas à dire non et à poser des limites.
On te demande de ne pas avoir peur, de t'affirmer dans une union professionnelle ou dans un projet collaboratif, car tes guides te disent bien que tu es unique et que tu as ta pierre à l'édifice à apporter dans un projet collaboratif.

MESSAGE SENTIMENTAL

Cette carte indique une relation sereine, stable et durable, entre deux êtres qui s'aiment et qui se soutiennent.
La personne qui t'accompagne actuellement est sincère et honnête et est ton âme sœur, sachant que nous avons tous plusieurs âmes sœurs.
L'Univers te pousse à faire un bout de chemin avec cette personne.
Tu peux ressentir un sentiment de familiarité avec elle, une connexion forte, c'est le signe d'une relation âme sœur ou relation karmique.
Si tu es célibataire, cette carte est le signe qu'une rencontre va bientôt avoir lieu, et pas n'importe quelle rencontre, car les énergies sont très favorables à une rencontre karmique.
Tu pourras reconnaître cette personne à la connexion profonde que vos deux âmes partagent, cette rencontre amoureuse pourrait se produire assez rapidement et l'entente sera très favorable entre vous deux.
Il peut s'agir ici d'une relation âme sœur ou bien d'une relation karmique.

LES CONSEILS D'OZALEE

L'amour partagé

- Pratique une méditation du chakra du cœur.
- Connecte-toi à l'amour Universel.
- Ouvre-toi à l'entraide.
- Dis à quelqu'un que tu apprécies à quel point il compte pour toi.

22

LE SAGE LAKOTA

Sagesse • Pause • Prendre du recul

22

LE SAGE LAKOTA

Mots-clefs : sagesse, pause, prendre du recul

Les Lakotas (Lakhota ou encore Lak'ota) sont une tribu autochtone américaine du groupe ethnique Sioux de l'Ouest.
C'est le peuple des grands chefs indiens : Sitting Bull, Red Cloud et Crazy Horse.
Associés aux Cheyennes et aux Arapahos, les Lakotas ont, durant quarante ans, résisté farouchement et souvent victorieusement à l'invasion blanche.
Leurs terres actuelles se trouvent dans le Dakota du Nord et du Sud.
Les Lakotas ont leurs propres croyances et leurs propres mythologies.

MESSAGE CHAMANIQUE

Le Sage Lakota t'aide à t'élever et te fait prendre conscience du chemin que tu as parcouru jusqu'à maintenant, tu peux être fier de toi.
Prends ce temps pour cultiver la compassion et être empli de gratitude envers toi-même.
Tu es dans un moment favorable pour réfléchir à ce que tu souhaites manifester dans ta vie et faire le point et le tri sur tes réelles volontés afin d'évaluer tes besoins et projets, puis te focaliser sur des intentions claires et les nourrir afin qu'elles se manifestent.
Le Sage Lakota t'amène à prendre conscience que tu as besoin de temps, pour le moment on t'invite à continuer tes efforts et à t'entraîner plutôt que partager tes projets.
Il est temps de faire le bilan de ton évolution et de te féliciter.
Observe quels ont été tes accomplissements et comment tu as dépassé certains obstacles.
Engage-toi dans une phase d'introspection et de gratitude envers toi-même en appréciant tes réalisations et tes accomplissements.
Tu es invité à t'ouvrir à un moment de solitude comme une retraite spirituelle qui te permettrait d'avancer sur le plan spirituel.

MESSAGE PROFESSIONNEL

Sur le plan professionnel, tu es invité à prendre de la distance.
Tu as pu être déstabilisé par un évènement récent dans le milieu professionnel, une expérience ou même une personne qui a eu une influence énergétique sur toi.
Tu es invité, à présent, à t'éloigner de ton milieu professionnel quelques jours afin de prendre du recul et à te libérer de cette influence négative qui te pèse et t'empêche d'y voir clair.
Il se peut qu'il y ait aussi eu une accumulation d'énergie au niveau professionnel qui te contraint à prendre de la distance.
Prendre du recul te permettra d'être dans une plus grande connexion à toi-même et tu percevras ton chemin professionnel avec beaucoup plus de clarté.
Après ce temps de pause, une fois que ta charge mentale sera apaisée, on t'invite à prendre le temps de te poser ces questions : Que souhaites-tu vraiment dans ton domaine professionnel ? Qu'est-ce qui te fait rêver ?
Tu peux commencer à travailler avec l'énergie du Sage Lakota qui t'accompagne pour avancer dans ta vie professionnelle comme tu le souhaites.

MESSAGE SENTIMENTAL

Concernant ta vie sentimentale, on te demande de lâcher prise.
En essayant de contrôler ton couple et les circonstances, tu ne réussis qu'à être dans des énergies de frustration et de stagnation.
À l'instar du Sage Lakota, on t'invite à prendre du recul, à prendre quelques instants pour réfléchir de ton côté et à lâcher prise par rapport à ta situation sentimentale afin de ne pas être dans le contrôle et laisser la situation se dérouler de façon naturelle. Fais appel à tes guides pour élever ton niveau de confiance et t'aider à lâcher prise.
Il est temps pour toi de te déconnecter de ta routine afin d'y voir plus clair.
Tu peux par exemple t'intéresser à un domaine particulier ou t'adonner à des activités manuelles afin de calmer ton mental et relâcher la tension.
Si tu es célibataire, le moment n'est pas favorable à former un couple.
On t'invite à cultiver l'amour de soi et l'estime de soi avant de te lancer dans une relation.
Il est difficile d'être dans une relation saine si tu ne t'aimes pas toi-même.

LES CONSEILS D'OZALEE

Le Sage Lakota

✦ Écoute la méditation
« L'invisible ami »
de Michel Dogma sur YouTube.

✦ Pratique une méditation
du lâcher-prise.

✦ Passe quelques jours en solitaire
afin de prendre de la distance.

23

LA CÉRÉMONIE DU CALUMET DE LA PAIX

Partage • Communication • Unité

23

LA CÉRÉMONIE DU CALUMET DE LA PAIX

Mots-clés : partage, communication, unité

Chez les tribus sioux, le calumet est l'objet sacré par excellence.
La fumée qui s'échappe du calumet de la paix permet aux Amérindiens de communiquer avec le Grand Esprit.
La cérémonie du calumet de la paix est très importante chez les Amérindiens, car sa fumée permet d'emporter les messages et les prières de chaque personne participant à cette cérémonie.
Le calumet de la paix est un symbole d'unité et d'harmonie.

MESSAGE CHAMANIQUE

En ce moment, tu es invité à te reconnecter au partage et aux interactions sociales.
On te conseille de passer du temps avec tes amis et les membres de ta famille pour partager un moment sacré.
Ton âme a pu être marquée par des expériences négatives comme la trahison, qui provoque un repli sur toi-même, cette solitude peut néanmoins commencer à peser sur ton âme.
Fais-toi confiance et fais confiance aux autres en acceptant ces énergies de rencontre et de partage.
Les interactions sociales et relations amicales vont augmenter ton taux vibratoire.
De nouvelles personnes vont rentrer dans ta vie et on t'invite à t'ouvrir à ces personnes et à ne pas rester sur les déceptions amicales vécues dans le passé.
Tu es également invité à préparer tes vœux à l'Univers, car tu es soutenu dans l'invisible.
Tu peux aussi faire équipe avec une ou plusieurs personnes et t'inspirer du proverbe : « seul, on va plus vite, à plusieurs, on va plus loin ».

MESSAGE PROFESSIONNEL

Cette carte t'apporte une énergie de partage et de collaboration.
Elle te guide vers des projets en lien avec des entreprises de types familiales où de vrais liens peuvent se tisser, où chaque personne est mise en avant et où on reconnaît la valeur de chaque employé.
Tu vas créer un fort lien amical dans ton activité professionnelle.
Si tu es autoentrepreneur, sache que tu es guidé vers une collaboration et que tu as désormais besoin des autres pour t'aider à faire avancer ton entreprise.
N'hésite pas à déléguer ton travail ou à entreprendre un projet de collaboration avec une ou plusieurs personnes.
Les autres pourraient t'apporter une grande source d'inspiration et de nouvelles idées.

MESSAGE SENTIMENTAL

Concernant ta vie sentimentale, on t'invite à accepter l'aide des personnes bienveillantes qui t'entourent, comme tes amis et ta famille.
Eux savent, avec bienveillance, ce qu'il y a de mieux pour toi concernant ta vie sentimentale.
Tu pourrais leur demander des conseils et écouter ce qu'ils pensent de ta relation.
Si tu es célibataire, le fait de passer du temps avec tes amis et ta famille te permettra de renouveler tes énergies et augmentera ton taux vibratoire.
Il se peut également qu'une rencontre se fasse grâce à des amis.
N'hésite pas à sortir entre amis en ce moment si tu es à la recherche de l'amour.

LES CONSEILS D'OZALEE

La cérémonie du calumet de la paix

- Partage un moment sacré entre amis ou famille.
- Entoure-toi de ta famille.
- Favorise une collaboration professionnelle.

24

LE CACTUS DE SEDONA

Défi • Apprentissage • Évolution

24

LE CACTUS DE SEDONA

Mots-clés : défi, apprentissage, évolution

Sedona est une ville située dans le désert de l'Arizona, près de la ville de Flagstaff.
Elle est entourée de colonnes de roche rouge et de canyons.
Cette ville possède plusieurs endroits énergétiques très puissants comme la Cathedral Rock, Bell Rock ou Boynton Canyon.
Chacun de ces endroits rayonne d'une énergie particulière.
Cette ville située en plein désert de l'Arizona regorge de cette plante, le cactus.
Dans le chamanisme, le cactus symbolise la protection et le fait de se sortir de situations difficiles.

MESSAGE CHAMANIQUE

Tu es actuellement dans une phase compliquée de ta vie, et tu traverses un défi qui peut te paraître difficile.
Beaucoup de gens considèrent, à tort, un défi comme une expérience négative.
Mais les défis offrent d'énormes opportunités de développement personnel et de changements.
Les défis mettent en évidence les limites des opportunités et permettent d'apprendre des leçons de vie qui nous forgent. Sans défi, on ne peut pas évoluer.
Ce défi a été mis sur ta route pour une raison particulière et pour te faire grandir.
Il est important pour toi de relever ce défi avec motivation et de l'appréhender de façon positive en répondant à cette question : « Que puis-je apprendre sur moi ou sur ma force de ce défi ? »
L'énergie du cactus de Sedona t'apporte la destruction de certains schémas de pensée qui t'aident à évoluer et te transformer.

Le cactus de Sedona te permet aussi de prendre conscience du fait que tu peux tout surmonter, absolument tout.
Même si pour le moment tu peux avoir la sensation de ne pas voir la solution, sache que tu peux tout traverser. Tu as une force intérieure dont tu n'as pas conscience, tu sortiras bientôt de cette impasse.
Cette impasse n'est pas là par hasard, tu seras amené à apprendre à en tirer une leçon et à t'écouter davantage, pour comprendre ce qui n'est pas aligné avec toi-même.
Demande de l'aide à tes alliés pour traverser cette période difficile.

MESSAGE PROFESSIONNEL

Ces derniers temps, tu as pu rencontrer un bouleversement dans ton environnement professionnel, un nouveau projet, de nouvelles responsabilités, un changement d'environnement ou bien une restructuration.
Ce changement a un gros impact sur ta vie professionnelle et personnelle et peut provoquer une énergie de frustration et d'appréhension.
L'équilibre vie professionnelle/vie personnelle pourrait être mis à rude épreuve.
Il est temps pour toi de réfléchir au chemin vers un nouveau projet professionnel. Peut-être est-il temps pour toi de te lancer dans une création d'entreprise, la recherche d'un nouvel emploi ou bien de mettre en place un nouveau projet dans ton travail actuel.
Tu es invité à te servir de l'énergie du cactus de Sedona pour faire le point sur tes aspirations professionnelles et la considérer comme une force, une opportunité pour t'épanouir professionnellement.

MESSAGE SENTIMENTAL

Si tu es en couple, les choses peuvent sembler compliquées pour le moment mais elles vont prendre une tournure positive.
L'imprévu est de rigueur concernant ta vie sentimentale: du positif comme du négatif…
Si les énergies actuelles au sein de ta relation sont compliquées en ce moment, un éloignement de ton partenaire se profile, ce qui te permettra de réfléchir à l'avenir de ton couple.

LES CONSEILS D'OZALEE

Le cactus de Sedona

✦ Accueille
cette période difficile.

✦ Accueille les challenges
qui s'offrent à toi
comme une opportunité
de grandir.

✦ Connecte-toi
à l'énergie du cactus
pour qu'il t'apporte
une protection énergétique.

25

PACHAMAMA

Terre-Mère • Ancrage • Fertilité

25

PACHAMAMA

Mots-clés : Terre-Mère, ancrage, fertilité

La Pachamama correspond à la Terre-Mère, étroitement liée à la fertilité.
Elle est la divinité la plus importante des peuples andins.
Le terme Pachamama peut se traduire par « terre, cosmos, temps et espace, et, mère ».
La Pachamama est une déesse sans temple, elle s'honore en tous lieux, de préférence sur le sommet d'une montagne ou dans la nature.
La Pachamama offre sa protection, la fertilité, l'abondance, la féminité, la générosité et le rendement des cultures.
Le rituel de Pachamama s'effectue durant tout le mois d'août, c'est à cette période de l'année qu'il est recommandé de lui faire des offrandes pour l'année à venir afin de s'attirer sa protection et l'abondance dans tous les domaines de notre vie.

MESSAGE CHAMANIQUE

Aujourd'hui, tu es invité à travailler davantage sur ton ancrage et ton chakra racine afin de te connecter à la Pachamama.
Récemment, tu as pu perdre cette connexion à la terre avec une énergie de précipitation.
Peut-être es-tu très occupé en ce moment et n'as-tu pas pris le temps d'observer et de sentir les merveilles de la nature.
On te demande de passer du temps auprès des merveilles de notre Terre-Mère, car elle est le moyen pour toi de te ressourcer, de vider ton esprit des doutes, de la confusion et de l'anxiété que tu peux ressentir en ce moment.
Passer du temps dans la nature te permettra d'augmenter ton taux vibratoire et te permettra un meilleur alignement de tous tes corps.

Tu es invité à passer un moment en pleine nature et à demander aux esprits de l'endroit dans lequel tu te trouves de t'imprégner de cette énergie.
Tes guides te conseillent également de t'ouvrir à toutes pratiques physiques et spirituelles comme le yoga, par exemple, qui renforcera ta connexion à la terre et qui t'aidera à aligner tes corps énergétiques par la même occasion.
Les énergies de Pachamama t'apportent également fertilité et abondance dans tous tes projets.
En travaillant sur ton ancrage et la connexion à Pachamama, tu peux te lancer dans des projets qui existeront prochainement.

MESSAGE PROFESSIONNEL

Sur le plan professionnel, il se peut que tu sois dans des énergies de stagnation.
Tu as des difficultés à concrétiser tes projets professionnels et tu es confronté à un phénomène de lenteur. Tes projets sont ralentis par ton manque d'ancrage professionnel et la pression à laquelle tu te soumets.
On te conseille de t'ancrer tous les matins avec une méditation de l'arbre avant de commencer ta journée professionnelle et un relâchement du contrôle qui favoriseront l'évolution des projets.

MESSAGE SENTIMENTAL

Parfois, tu peux avoir la sensation de ne pas te sentir assez « bien », ni mériter l'amour d'autres personnes.
Tu peux te trouver dans des relations sentimentales où tu donnes énormément de ton temps, de tes énergies et de ton amour à l'autre personne qui peut en profiter.
On te demande tout d'abord de t'ouvrir à l'amour de toi-même, de développer ton estime de soi et de te respecter.
Cela te permettra d'être dans des relations amoureuses ou amicales saines.
Te connecter aux énergies de compassion de la Terre-Mère te permettra d'être dans ces énergies de bienveillance envers toi-même.

LES CONSEILS D'OZALEE

Pachamama

✦ Pratique une méditation d'ancrage
le matin (méditation de l'arbre).

✦ Passe du temps dans la nature
en posant l'intention
de te connecter à Pachamama.

✦ Honore la Terre-Mère Pachamama
au mois d'août pour demander
la protection énergétique
et la concrétisation de projets
et l'abondance.

26

LE CHANT DE L'ÂME

Chant • Communication • Chakra de la gorge

26

LE CHANT DE L'ÂME

Mots-clés : chant, communication, chakra de la gorge

Le chant est le langage de l'âme.
C'est un puissant moyen de s'exprimer.
À travers le chant, nous pouvons exprimer ce que l'on ne peut pas ou n'ose pas dire à travers la parole.
C'est un moyen de s'exprimer d'une façon intime et honnête.
Chanter, c'est se dévoiler, révéler la personne que l'on est.
Le chant permet aussi la transmutation et la libération émotionnelle.
À travers le chant, il est possible de transmuter certaines émotions pesantes comme le stress et les énergies négatives.
Pour les peuples autochtones d'Amérique du Nord, le chant est une forme de prière.

MESSAGE CHAMANIQUE

Tu reçois ce message, car tu es invité à faire appel à la médecine du chant.
Le chant est le miroir de l'âme, le chant est une porte ouverte à la profondeur de notre âme.
Il est difficile de chanter devant certaines personnes, car le chant implique de se dévoiler et peut faire peur. Ici, on te demande d'ouvrir ton âme au chant.
Cela te permettra de nettoyer ton chakra de la gorge mais aussi de transmuter certaines émotions pesantes comme le stress ou l'anxiété.
Le chant te permettra de libérer ces émotions et énergies qui te pèsent.
À travers le chant, tu seras aussi amené à recevoir des guidances, certains messages et soins de tes alliés.
Le chant permet de faire voyager l'âme, comme un voyage chamanique au tambour. On t'invite à t'ouvrir au chant, à tout simplement te laisser porter sans rechercher la beauté et dévoiler ce qu'il y a au plus profond de toi.
Tu te sentiras totalement libéré et comblé après ce processus.

Tu peux pratiquer le chant intuitif : choisir un instrument qui t'appelle ou une musique de fond instrumentale et laisser ton âme te guider à travers la musique.
Il peut sortir de ta voix des paroles, des mots ou même juste des sons : tout a un sens, ne cherche pas à contrôler ce qui sort de ta voix.
Tu peux manifester tes envies et tes désirs à l'Univers à travers le chant.

MESSAGE PROFESSIONNEL

Sur le plan professionnel, on t'invite à être dans une vraie affirmation de toi.
Il est temps de montrer ce dont tu es capable dans ton domaine professionnel.
Crois en toi et en tes projets professionnels. Tu vas rentrer dans une énergie forte au niveau de ton chakra de la gorge et de l'affirmation de toi, donc n'hésite pas à croire en tes projets et à imposer ton point de vue.
On te demande de plus te montrer et de t'imposer dans ton milieu professionnel.
Cette carte se présente également quand ta mission de vie est en lien avec un domaine lié à la voix comme le chant, le théâtre ou la communication.
Prends soin de ta voix, elle est ton allié dans ta mission de vie.

MESSAGE SENTIMENTAL

Si tu es en couple, il se peut qu'une des deux personnes ne soit pas totalement honnête envers l'autre.
Tu es invité à avoir une discussion à cœur ouvert avec ton ou ta partenaire.
Ta relation amoureuse a besoin d'honnêteté et de communication en ce moment.
Un de vous deux cache certaines émotions et des sentiments.
Une discussion d'âme à âme est nécessaire pour renforcer la stabilité et assurer l'avenir de la relation.
Si tu es célibataire, tu as certaines résistances pour te lancer dans une relation.
Elles peuvent venir de tes vies antérieures situées au niveau de ton chakra de la gorge.
On te demande de libérer ces résistances par un travail de libération et de nettoyage de ton chakra de la gorge.

LES CONSEILS D'OZALEE

Le chant de l'âme

✦ Chante
de façon intuitive.

✦ Pratique la méditation
du chakra de la gorge.

✦ Prends un instrument
ou une piste instrumentale
et chante dessus ce qui te vient.

✦ Pratique le nettoyage
du chakra de la gorge.

✦ Affirme-toi et exprime-toi.

27

LES PLANTES SACRÉES

Protection • Purification • Nettoyage

27

LES PLANTES SACRÉES

Mots-clés : protection, purification, nettoyage

Dans le chamanisme, les plantes ont un rôle très important et une médecine qui leur est propre.
Certaines plantes, résines et fleurs séchées permettent de purifier l'atmosphère d'une pièce.
La fumigation de sauge blanche, une des plantes les plus connues, est essentielle pour la purification.
Cela permet de purifier la pièce dans laquelle on se trouve ainsi que notre esprit.
Cela agit comme un nettoyage énergétique qui facilite le lâcher-prise et la libération de certaines énergies négatives.
La fumée est bénéfique pour décharger des lieux énergétiquement lourds.

MESSAGE CHAMANIQUE

En ce moment, tu peux te sentir épuisé, démotivé ou simplement ne pas te sentir tout à fait toi-même.
Ton aura et tes corps énergétiques ont accumulé beaucoup de vibrations et d'énergies provenant d'autres personnes. Aujourd'hui, tu te retrouves avec un trop-plein d'énergies qui ne sont pas les tiennes.
On t'invite à t'ouvrir à la médecine sacrée des plantes, comme la sauge ou le palo santo pour effectuer un nettoyage de tes corps énergétiques et te libérer de toutes ces accumulations d'énergies extérieures qui t'épuisent aujourd'hui.
Ce nettoyage énergétique peut paraître simple mais il est très puissant, et, après ce nettoyage, tu te sentiras l'esprit plus clair, plus équilibré et tu sentiras une vraie reconnexion avec la personne que tu es.
On te demande de t'ouvrir à un nettoyage sur tous les plans : le corps physique, le corps émotionnel et le corps énergétique.

Renforce ta protection, car tu sembles être un réservoir énergétique.
Pour cela, fais un travail de visualisation ou bien un travail avec des pierres de protection telle que la labradorite.

MESSAGE PROFESSIONNEL

Sur le plan professionnel, tu peux ressentir une énergie déstabilisante.
Beaucoup de stress et de pression ne viennent pas de toi mais bien de l'environnement dans lequel tu travailles.
Les énergies de certaines personnes ont un grand impact sur toi.
Renforce ta protection énergétique en utilisant des pierres comme la labradorite, l'obsidienne œil céleste ou encore l'œil-de-tigre.
Pour t'aider à renforcer cette protection énergétique, tu peux aussi travailler la visualisation : tu peux par exemple visualiser un scaphandrier de lumière de couleur blanche tout autour de toi.
Quand tu pars travailler, avant d'arriver sur ton lieu de travail, tu peux travailler cette visualisation et tu verras que l'environnement extérieur aura un impact beaucoup moins fort sur tes énergies.

MESSAGE SENTIMENTAL

Si tu es en couple, on te demande de prêter une attention particulière à comment la personne avec qui tu es influence ta façon de penser, de prendre des décisions et tes énergies.
Si tu te rends compte que, sur le plan énergétique, tu es très influencé par cette personne, prends conscience que tes décisions ne viennent pas à 100 % de toi.
Fais une purification de tes énergies par la sauge ou d'autres plantes purificatrices et travaille ta protection énergétique.

LES CONSEILS D'OZALEE

Les plantes sacrées

- Effectue
un nettoyage du lieu
dans lequel tu habites
avec la sauge.

- Porte des pierres
de protection.

- Fais l'exercice
de la bulle de protection.

- Ouvre-toi
à la médecine des plantes
via l'olfactothérapie
des huiles essentielles.

28

L'AMIE ÉTERNELLE

Animaux • Loyauté • Amitié

28

L'Amie Éternelle

Mots-clés : animaux, loyauté, amitié

Les animaux nous apportent un amour inconditionnel et une amitié sans limite. Que ce soit par leur regard, leurs attitudes, leurs demandes de câlins, leur douceur et leur protection, ils sont constamment là pour nous.

Les animaux ne demandent qu'à être aimés : pas de mentalisation, pas de condition, ni de jugement, seulement de l'amour.

Les vibrations d'amour des animaux sont très élevées, elles nous permettent de nous élever consciemment ou inconsciemment.

Il suffit de se brancher sur la vibration d'amour que nous apportent les animaux pour ressentir à quel point cette vibration est forte et pure.

L'Amie Éternelle représente pour moi mon amour de toujours, qui m'accompagne dans toutes les situations de ma vie, mon berger allemand, Elza.

MESSAGE CHAMANIQUE

La carte de l'Amie Éternelle est le signe qu'un animal, qu'il soit à tes côtés ou non, veille sur toi et te protège.

Cet animal sait te réconforter et te protéger quand tu en as besoin.

Aujourd'hui, tu es invité à passer un moment de douceur et de complicité avec cet animal si tu en as un.

On te demande d'exprimer de diverses façons à quel point tu es reconnaissant que cet animal soit présent dans ta vie et dans ton environnement.

Si cet animal n'est plus auprès de toi aujourd'hui, cette carte t'indique que cet animal veille sur toi et te protège. N'hésite donc pas à faire appel à lui dès que tu as besoin de son soutien et sa protection.

Si tu n'as pas d'animal chez toi, ce message t'indique qu'il est temps pour toi de partir à la rencontre de ton animal de pouvoir, car il est déjà présent dans tes énergies et ne demande qu'à te rencontrer.

On te demande également de t'ouvrir aux animaux et de les aider : tu peux par exemple t'engager dans une association pour aider les animaux en détresse.
Quand cette carte se présente et que tu te questionnes sur ta mission de vie, cela signifie qu'elle est en lien avec les animaux (les aider et les protéger), car tu as un lien très fort avec eux.

MESSAGE PROFESSIONNEL

Recevoir le message de l'Amie Éternelle dans un tirage professionnel indique que tu as actuellement besoin d'une protection énergétique pour faire face à ton environnement qui peut parfois être nocif.
On te suggère de demander la protection de ton animal de pouvoir qui t'accompagnera dans ton milieu professionnel.
Tu peux faire appel à ton animal de pouvoir à travers un voyage chamanique au tambour ou bien poser l'intention qu'il t'accompagne en allant travailler.
Cette carte t'indique également que tu es invité à travailler avec les animaux et prendre soin d'eux, car cela fait partie de ta mission de vie.
On t'incite à te renseigner sur la communication animale qui pourrait parler très fort à ton âme, car tu as cette capacité à ressentir les émotions des animaux.
Tu peux te renseigner sur tous les métiers qui sont en lien avec l'aide aux animaux, tu te sentiras comblé.

MESSAGE SENTIMENTAL

Cette carte indique la loyauté de ton ou ta partenaire et un amour véritable.
Avec l'énergie de l'amie éternelle, en amitié comme en amour, tu peux être assuré de la sincérité et de l'honnêteté de la personne en question.
Cette personne t'aime véritablement, est fidèle et honnête envers toi.
Si tu ressens des tensions entre vous, sache que cela ne vient pas de toi, ni de votre relation. Il se peut que la personne en question soit préoccupée par autre chose (famille, domaine professionnel…).
Si tu es célibataire et que tu recherches l'amour, cette carte est extrêmement positive. Tu es prêt à présent à te lancer dans une relation et un amour durable. Une véritable entente t'attend.
Il se peut même qu'une relation karmique ou âme sœur se produise.
Cette carte est une forte invitation à exprimer tes sentiments avec tendresse envers l'autre.

LES CONSEILS D'OZALEE

L'amie éternelle

✦ Prends le temps de câliner ton animal ou tes animaux de compagnie.

✦ Exprime tes sentiments d'amour.

✦ Un animal te protège et te guide.

✦ Pars à la rencontre de ton animal de pouvoir.

29

LA ROUE DE MÉDECINE

Éléments • Cycle • Harmonie

29

LA ROUE DE MÉDECINE

Mots-clés : éléments, cycle, harmonie

La roue de médecine est un cercle sacré de guérison élaboré à l'aide des pierres par les peuples autochtones.
La roue de médecine est aussi appelée « cercle de vie ».
Elle représente l'ordre du monde, les points cardinaux et les saisons.
Elle est utilisée par les peuples autochtones d'Amérique du Nord comme solution à divers problèmes, car elle a le pouvoir de restaurer un équilibre physique, psychique, émotionnel et spirituel en créant un lien d'harmonie entre la personne et le cosmos.

MESSAGE CHAMANIQUE

En ce moment, on te demande de te connecter aux éléments (feu, eau, air, terre), d'honorer les saisons et de remettre du sacré dans ce qui t'entoure, que ce soit physique ou énergétique.
Tu es invité à prendre du temps pour ressentir le flux et les cycles de la vie.
Tu peux parfois être soit trop dans le passé, soit trop dans le futur.
En prenant conscience de la roue de médecine et des cycles de la vie, tu seras totalement dans le lâcher-prise.
La roue de médecine permet de se relier à l'environnement qui nous entoure.
La vie est un éternel recommencement et on t'invite à accepter cela en créant ta propre roue de médecine dans un lieu sacré pour toi.
Pour créer ta roue de médecine, je te conseille d'utiliser des pierres et des bâtons et de diviser la roue de médecine en quatre parties.

La première partie correspond à la direction de l'est (elle correspond à l'élément de l'air, à la saison du printemps et à une période de commencement).
La deuxième partie correspond à la direction du sud (elle correspond à l'élément du feu et met en avant l'action sur nos projets).

La troisième partie correspond à la direction de l'ouest (qui correspond à l'élément de l'eau et met en avant l'introspection et les qualités émotionnelles).
Et la quatrième partie correspond à la direction du nord (qui correspond à l'élément de la terre et met en la planification et l'organisation de projets).
Créer une roue de médecine physique et concrète t'aidera à t'imprégner de son harmonie.

MESSAGE PROFESSIONNEL

Dans un tirage professionnel, la roue de médecine te demande de ne pas chercher à contrôler une situation qui peut te paraître difficile.
En essayant de contrôler les choses, la situation a du mal à se résoudre.
Alors qu'en cultivant le lâcher-prise, ta situation professionnelle se résoudra d'elle-même.
La roue de médecine t'invite également à faire un bilan de tes forces et faiblesses.
Cela te permettra d'accueillir tes faiblesses et cultiver tes forces.
C'est une carte qui apporte une certaine harmonie dans le milieu professionnel, n'essaie pas de contrôler à tout prix la situation, car elle se résoudra d'elle-même.

MESSAGE SENTIMENTAL

Les énergies de la roue de médecine t'apportent une forme d'équilibre.
Si tu es en couple en ce moment, la roue de médecine est généralement un signe d'harmonie et de compréhension mutuelle.
Si pour le moment quelques tensions subsistent dans le couple, on te demande de t'ouvrir au point de vue de l'autre pour accéder à un équilibre et une compréhension mutuelle de ce qui se passe dans la vie de chacun.
Si tu recherches l'amour, on t'invite à entamer un travail sur toi, un travail de guérison émotionnelle pour permettre à une nouvelle histoire d'arriver dans ta vie.
On te demande de réfléchir à ce que tu souhaites trouver chez l'autre et au projet de vie que tu souhaites construire en couple. Travaille avec l'énergie de la roue de médecine pour te manifester.
On te rappelle qu'il ne faut pas te presser, la qualité des rencontres l'emporte sur leur nombre.

LES CONSEILS D'OZALEE

La roue de médecine

✦ Crée ta propre roue
de médecine.

✦ Cultive le lâcher-prise
pour qu'une situation
se résolve d'elle-même.

✦ Apporte
des énergies d'équilibre.

30

LA HUTTE DE SUDATION

Nettoyage • Santé • Libération

30

LA HUTTE DE SUDATION

Mots-clés : nettoyage, santé, libération

La cérémonie de la hutte de sudation est un rituel ancestral important dans la spiritualité amérindienne.
Ce rituel permet de se purifier, de se nettoyer et d'entrer en contact avec les esprits de la terre.
C'est un processus ancestral de purification et de nettoyage qui permet de se libérer de nos schémas répétitifs et de mieux se comprendre.
Cette cérémonie est semblable à l'expérience d'un sauna.
Les pierres sont d'abord chauffées dans un feu à l'extérieur de la hutte, puis à l'intérieur, généralement en quatre fois.
Cette cérémonie aide à détoxifier le corps en stimulant la circulation sanguine.
Ainsi, nous transpirons ce que nos corps ont besoin d'évacuer.

MESSAGE CHAMANIQUE

Ces derniers temps, tu as pu être surmené à plusieurs niveaux.
Aujourd'hui, on te demande de te purifier de choses qui te pèsent encore.
Tu es en plein processus de libération et de nettoyage et tu peux recevoir plein d'informations qui peuvent te perturber au premier abord. Des signes, des synchronicités ou encore des rêves peuvent paraître perturbants, mais ils sont sources d'information sur ce qu'on te demande de nettoyer.
Il est possible que tu aies des sueurs nocturnes en ce moment, elles sont le signe qu'un processus de libération est en cours.
On t'invite à t'ouvrir à des rites de libération et de nettoyage comme la hutte de sudation qui te permettra de te libérer des éléments résiduels dont tu n'as plus besoin.
Quand cette carte se présente, c'est aussi une invitation à surveiller ton alimentation et ton rythme de vie pour t'aider dans ce processus de nettoyage.

MESSAGE PROFESSIONNEL

Sur le plan professionnel, on t'indique que certains ajustements sont nécessaires.

Il peut s'agir de l'environnement de travail, de projets... mais on t'indique clairement que ce n'est pas le bon moment pour te lancer tête baissée dans un nouveau projet.

Quelques ajustements à revoir sont nécessaires avant de te lancer.

Comme le conseille la hutte de sudation, on te demande avant tout de te libérer de certains éléments qui ne te sont plus utiles. Il peut s'agir de vieux dossiers en cours qui pèsent dans ton énergie.

Une fois que ces ajustements seront faits, tu pourras te lancer dans ton projet.

MESSAGE SENTIMENTAL

Si tu es en couple, il semble qu'un manque de confiance et des souvenirs de tes expériences passées entravent la relation.

Aujourd'hui, tu peux avoir du mal à faire confiance à ton partenaire et cela peut venir des trahisons subies...

Ce manque de confiance impacte la relation, l'empêche de se développer de façon saine et engagée.

Que tu sois en couple ou célibataire, on te demande de faire un travail sur la blessure de trahison pour ne plus qu'elle n'ait d'impact dans ta vie sentimentale.

LES CONSEILS D'OZALEE

La hutte de sudation

✦ Oriente-toi
vers une alimentation
détoxifiante.

✦ Prête attention
à tes rêves.

✦ Effectue ajustement
et planification
avant de te lancer.

✦ Travaille sur la blessure
de trahison.

31

LES KACHINAS

Honneur • Apprentissage • Évolution

31

LES KACHINAS

Mots-clés : honneur, apprentissage, évolution

Dans certaines tribus hopis, du Nouveau-Mexique et d'Arizona, les kachinas sont des esprits (esprits du feu, de la pluie, du serpent...). Elles sont représentées par des poupées de bois peintes de couleurs vives, qui incarnent ces esprits à l'occasion des fêtes rituelles. Cela permet aux enfants de se familiariser avec ces esprits.
L'évolution des poupées kachinas est en lien avec l'âge de l'enfant qui la reçoit.
Au fil des années, la poupée devient plus élaborée et plus précise.

MESSAGE CHAMANIQUE

Les énergies des kachinas t'indiquent qu'il est temps d'honorer les esprits qui t'accompagnent.
Que ce soit des guides, des anges, des esprits ou bien l'Univers, c'est le bon moment pour toi de les honorer.
Comme le faisaient certaines tribus autochtones du Nouveau-Mexique et d'Arizona, tu peux confectionner des poupées ou statuettes à l'image des kachinas et les honorer.
Tu peux également créer ton propre autel afin d'honorer les esprits.
Tu pourras y rajouter d'autres de tes objets sacrés, des objets représentant l'esprit que tu souhaites honorer ainsi qu'une liste de tes intentions pour que l'esprit en question t'aide dans l'accomplissement de tes objectifs.
En consacrant du temps à cette représentation physique des esprits, cela te permettra de créer une sensation de proximité avec ceux-ci et tu pourras également travailler tes intentions de façon plus concrète.

MESSAGE PROFESSIONNEL

Sur le plan professionnel, les kachinas t'apportent des énergies d'évolution.
Tu vas être amené prochainement à recevoir un apprentissage par le biais d'une formation. On t'invite à t'ouvrir à ces opportunités d'apprentissage, des formations ou bien un stage, car elles t'apporteront des possibilités de progresser dans le domaine professionnel.
Ces apprentissages te permettront également d'évoluer au niveau financier.

MESSAGE SENTIMENTAL

Si tu es en couple, les kachinas t'apportent des énergies de loyauté et de fidélité. Il est possible que tu sois en couple depuis plusieurs années et que la petite étincelle du début de votre relation commence peu à peu à s'atténuer.
Cela n'est pas une indication d'un problème sérieux dans la relation, mais simplement qu'on te demande d'apporter plus de légèreté et de passion dans le couple.
Vous pouvez, par exemple, pratiquer ensemble une activité que vous aimiez au début de la relation pour retrouver votre complicité.
Si tu es célibataire, on t'indique que les énergies sont très favorables pour des rencontres sentimentales.
On t'indique qu'il y a beaucoup d'opportunités qu'on t'invite à saisir.
Notamment une personne en particulier avec qui tu peux parler en ce moment, qui semble être une bonne personne pour toi.

LES CONSEILS D'OZALEE

Les kachinas

✦ Crée un autel
pour honorer les esprits.

✦ Commence une formation
dans le domaine professionnel.

✦ Ouvre-toi aux énergies positives
dans le sentimental.

32

SYOTANTKA

Son sacré • Musique • Expression de soi

32

SYOTANTKA

Mots-clés : son sacré, musique, expression de soi

En sioux lakota, Syotantka signifie « le bois qui chante » et représente la flûte en bois de cèdre.
Dans la culture amérindienne, la légende dit que le syotantka fut découvert par un jeune guerrier qui reçut une branche de cèdre creusé par un pivert représentant l'instrument.

MESSAGE CHAMANIQUE

En ce moment, on t'invite à t'ouvrir à la sonothérapie et à la musicothérapie.
La sonothérapie est une forme de thérapie par les vibrations sonores que provoquent certains instruments sacrés.
Il semble que tu sois très sensible aux sons et à la musique et on te demande de t'ouvrir à l'écoute de sons sacrés pour recevoir une guérison.
On t'invite à écouter des musiques qui comportent ce type d'instrument et à ressentir leurs vibrations : la flûte amérindienne, les bols chantants, les gongs, les kochis ou encore la voix.
On te demande également de t'intéresser à la musicothérapie active qui correspond à l'utilisation intuitive de certains instruments.
Je te conseille de prendre un instrument qui t'attire et de jouer de façon intuitive pour faciliter ton expression à travers le son.
Tu peux également utiliser ta voix en chantant, et en émettant les sons et paroles que tu souhaites.
On te demande également de t'ouvrir à la communication non violente.

MESSAGE PROFESSIONNEL

Sur le plan professionnel, on t'invite à ouvrir ton chakra de la gorge et ta communication avec les autres.
Il semble que dans ton milieu professionnel un manque de communication entre employés ou avec la direction se fasse ressentir.
Ces relations défaillantes se répercutent sur ton bien-être et ton travail lui-même.
On te demande de faire un travail au niveau de ton chakra de la gorge, à travers le chant par exemple, afin d'améliorer la communication avec les autres dans ton milieu professionnel.
Ce message est également là pour t'indiquer que ta mission de vie est en lien avec « l'expression de toi » plus particulièrement à travers la musique.

MESSAGE SENTIMENTAL

Si tu es en couple, l'énergie du Syotantka t'invite à avoir une discussion importante avec ton ou ta partenaire.
Il se peut, ces derniers temps, que tu aies ressenti des tensions et une sensation de non-dits qui te pèsent.
Pour t'aider à faire avancer ta relation, tes guides te conseillent d'être dans une communication totalement honnête avec ton ou ta partenaire.
Vous en ressortirez grandis tous les deux.

LES CONSEILS D'OZALEE

Syotantka

✦ Initie-toi
à la sonothérapie.

✦ Écoute des musiques
de flûtes.

✦ Joue d'un instrument
de façon intuitive.

✦ Ouvre-toi
à la communication
non violente.

33

LE POW WOW

Célébration • Fête • Joie

33

LE POW WOW

Mots-clés : célébration, fête, joie

Le Pow Wow est un rassemblement, un évènement traditionnel festif chez les peuples autochtones d'Amérique du Nord qui célèbrent des exploits guerriers.
Le Pow Wow est considéré par les Amérindiens comme un moment privilégié pour chacun de partager sa culture, ses traditions et d'échanger en famille et entre amis.

MESSAGE CHAMANIQUE

Cette carte est un symbole de fête et de célébration.
Aujourd'hui, on t'indique qu'il est temps pour toi de prendre une pause et de célébrer ce qui a été accompli.
Il se peut que tu te sois mis beaucoup de pression ces derniers temps et tu es maintenant arrivé à une phase de célébration pour fêter tout ce que tu as accompli.
Avec cette pression, tu as pu te déconnecter de la matière et donc manquer d'ancrage.
En célébrant par la danse, tu pourras te reconnecter à l'instant présent.
Tu as mis tellement d'énergie et d'efforts à accomplir tes projets et à devenir la personne que tu es aujourd'hui, qu'on t'invite maintenant à prendre conscience du chemin parcouru et à quel point tu es une personne merveilleuse et incroyable.
Tout au long de l'histoire, les cérémonies et la célébration ont toujours été très importantes.
Par exemple, les rites de passage ou la fête de la moisson durant Samhain.
Les cérémonies et la fête permettent de reconnaître les efforts et les succès ; cela permet aussi de fermer un chapitre pour en ouvrir un autre et recevoir les fruits de ton labeur.

MESSAGE PROFESSIONNEL

Le Pow Wow amène des énergies d'harmonie et de fête dans le contexte professionnel.

Il peut s'agir d'un évènement comme un anniversaire d'entreprise, de très bons résultats ou de récentes bonnes nouvelles.

Attends-toi à ressentir des énergies de fête en ce moment au travail.

Si tu es autoentrepreneur, c'est le moment pour toi de célébrer tous tes accomplissements.

Tu peux, par exemple, organiser une fête pour te féliciter de ce que tu as réalisé jusqu'à maintenant, mais aussi remercier toutes les personnes qui t'ont entouré.

MESSAGE SENTIMENTAL

Les énergies du Pow Wow t'apportent joie et célébration au niveau sentimental.

Si tu recherches l'amour en ce moment, on t'invite à participer à des sorties ou bien à des fêtes que te proposent tes proches.

Une rencontre pourrait se faire prochainement grâce à ton cercle d'amis. N'hésite donc pas à sortir.

Si tu es en couple, l'énergie du Pow Wow annonce une fête prochaine qui est de très bon augure pour ta relation.

Il peut s'agir d'une demande en mariage, d'un mariage ou d'une union qui officialise votre amour sous forme de fête.

LES CONSEILS D'OZALEE

Le Pow Wow

✦ Danse et célèbre
tes accomplissements.

✦ Sors
avec des amis.

✦ Élargis
ton cercle d'amis.

34

LA RIVIÈRE DU TEMPS

Eau • Émotions • Aide

34

LA RIVIÈRE DU TEMPS

Mots-clés : eau, émotions, aide

L'eau est le système veineux de la Terre.
L'eau est une ressource extrêmement précieuse et indispensable pour toute l'humanité.
La même eau circule dans l'Univers depuis le début de sa création et nous rappelle que nous sommes tous liés et ne sommes qu'un.

MESSAGE CHAMANIQUE

On t'invite à prendre conscience de l'importance de l'eau et pour cette raison on te demande aujourd'hui d'honorer l'esprit de l'eau.
Tu peux par exemple l'honorer par des cérémonies lui rendant hommage.
Quand cette carte se présente, on te demande également de vérifier le niveau d'hydratation de ton corps, car tu peux ne pas te sentir totalement aligné en raison d'une déshydratation.
Tes guides te demandent d'être conscient de la façon dont tu te traites et comment tu te comportes avec les autres.
La rivière du temps amène aussi une grande imagination et une envie de rêverie.
N'hésite pas à t'ouvrir aux idées que tu reçois en ce moment.

MESSAGE PROFESSIONNEL

Sur le plan professionnel, tes guides te demandent de t'interroger sur ton métier actuel pour savoir s'il répond à tes besoins émotionnels.
Te sens-tu émotionnellement épanoui ?
On te demande de te concentrer sur ton bien-être émotionnel au travail plutôt que de te concentrer uniquement sur le côté matériel.
Parfois, la peur du manque de stabilité te pousse à aller dans des directions qui ne correspondent pas avec la personne que tu es.
Cette carte t'indique qu'une personne pourrait te venir en aide prochainement pour t'apporter de la clarté dans ton domaine professionnel.
On t'indique que ta mission de vie est en lien avec des métiers dans l'aide comme, par exemple, infirmier ou bien des métiers liés au bien-être et à la guérison.

MESSAGE SENTIMENTAL

Si tu es en couple en ce moment, l'énergie de la rivière du temps t'apporte des énergies de sécurité émotionnelle et d'épanouissement.
Tes guides te demandent d'être totalement honnête dans ta relation pour que celle-ci évolue au mieux.
Si tu es célibataire, on t'invite à sortir et à rencontrer de nouvelles personnes.
L'énergie de la rivière du temps t'apporte des énergies romantiques.
Une rencontre pourrait avoir lieu prochainement et cette personne pourrait se montrer timide et calme au premier abord et se révélera être une personne de confiance.

LES CONSEILS D'OZALEE

La rivière du temps

✦ Prends conscience de l'importance de l'eau.

✦ Passe du temps près d'une source d'eau.

✦ Hydrate-toi suffisamment.

✦ Ouvre-toi aux idées que tu reçois.

35

LES SYLPHES DU VENT

Air • Subtilité • Beauté

35

LES SYLPHES DU VENT

Mots-clés : air, subtilité, beauté

Les sylphes sont des esprits de l'air qui se trouvent dans le monde du milieu. Comme tous élémentaux, elles évoluent sur une bande fréquentielle très proche de la nôtre.
Les sylphes tirent leur nom du mot latin *sylphus* qui signifie « génie », ce sont des êtres savants.
Elles se situent à mi-chemin entre les anges et les elfes.
Elles représentent la beauté, la subtilité et la capacité à se mouvoir dans l'air.
Les sylphes ont une apparence ailée, dotées d'une merveilleuse beauté. Gracieuses et élancées, leur apparence se rapproche de celle des anges.

MESSAGE CHAMANIQUE

Les sylphes t'accompagnent en ce moment pour garder et cultiver ta capacité d'émerveillement devant la nature.
Elles aiment la musique et chantent très souvent des airs célestes.
Les sylphes aiment beaucoup transmettre des messages à travers les nuages, les modeler afin de leur donner des formes pensées.
Tu peux par exemple prêter une attention particulière aux formes des nuages que tu aperçois en ce moment : ce sont des messages des sylphes qui t'accompagnent.

MESSAGE PROFESSIONNEL

Dans le milieu professionnel, les sylphes du vent t'apportent des énergies aériennes et de la légèreté.

Ces derniers temps, tu as pu être sous pression concernant tes projets. Les sylphes te disent bien qu'avancer avec cette pression ne fait pas évoluer tes projets.

Tu peux par exemple te connecter à l'énergie subtile des sylphes à travers un voyage chamanique en posant l'intention de recevoir leurs énergies de légèreté : tu te sentiras plus confiant.

Les sylphes t'apportent également des énergies de compétence et de connaissance.

On t'indique que c'est le bon moment d'élargir tes connaissances dans des domaines que tu apprécies.

Tu peux par exemple te lancer dans une formation afin d'élargir tes acquis.

Cela te donnera l'envie d'intégrer ces nouvelles compétences à tes projets actuels.

MESSAGE SENTIMENTAL

Sur le plan sentimental, les sylphes du vent t'apportent des énergies de beauté. On te demande de t'ouvrir à la personne magnifique que tu es, de prendre soin de toi et de ton corps.

C'est le moment de reconnaître ton pouvoir de séduction afin de raviver la flamme dans ta relation de couple, de t'aimer et d'aimer ton corps.

LES CONSEILS D'OZALEE

Les sylphes du vent

✦ Ouvre-toi
à ta beauté intérieure.

✦ Connecte-toi
aux énergies des sylphes
pour apporter de la légèreté.

✦ Prête attention
aux messages que tu reçois
à travers les nuages.

36

LA FEMME SAUVAGE

Liberté • Choix • Féminin sacré

36

LA FEMME SAUVAGE

Mots-clés : liberté, choix, féminin sacré

La femme sauvage est une femme libre.
C'est une femme ayant fait la paix avec sa masculinité et déployant sa féminité.
Elle a en elle une puissance qui peut faire peur, car elle a réussi à se libérer de plein de dictats.
Elle dégage à présent une profonde force et une puissance intérieure.

MESSAGE CHAMANIQUE

Pendant longtemps, la femme n'a pas été libre.
Elle a longtemps été victime de la société, de la culture afin de rentrer dans le moule de la société.
Inconsciemment parfois tu peux ne pas oser prendre de décisions, ne pas oser agir, car ces contraintes sont enfouies en toi depuis des générations.
Certaines femmes peuvent passer à côté de leurs vies ou bien acceptent l'inacceptable par peur de se retrouver seule et de devoir faire face à elles-mêmes.
La femme sauvage existe dans chacune des femmes.
Aujourd'hui, on te demande de réveiller la femme sauvage qui est en toi.
On te demande de respecter ton âme profonde, tes cycles naturels en écoutant tes besoins. Tu peux aussi réveiller ce côté sauvage à travers la danse, ce qui t'aidera à te libérer du regard des autres.
Tu te sentiras aussi beaucoup plus libre, et tu pourras sentir que tes choix viennent de toi et non de l'extérieur.
On te demande également de te détacher du regard d'autrui et de ne plus être dans la comparaison.

MESSAGE PROFESSIONNEL

Sur le plan professionnel, la femme sauvage t'apporte une énergie forte de choix et d'indépendance.

Il semble que tu te sentes indécis face à un choix, empêché d'avancer et contraint de stagner.

On te demande ici de faire face à ce choix et à cette indécision qui te tiraillent.

À l'instar de la femme sauvage, on te demande de partir au plus profond de toi, afin de te connecter à la femme sauvage qui sommeille en toi.

Certains choix peuvent paraître difficiles, car tu ne veux pas faire souffrir certaines personnes, le choix doit venir du plus profond de toi.

MESSAGE SENTIMENTAL

Si tu es en couple en ce moment, tu peux te trouver dans une impasse ou ne pas savoir quelle décision prendre.

Des tensions et des disputes se font sentir de plus en plus et tu ne sais pas quel chemin prendre.

On t'indique ici que tu as besoin d'un peu de temps et d'espace pour examiner la relation actuelle et savoir si tu te sens pleinement heureux et épanoui.

Tu es invité à te connecter à la femme sauvage qui sommeille en toi pour réveiller tes désirs les plus profonds et ta force infinie afin de poser des limites claires et ne pas te sentir prisonnier d'une relation qui te fait souffrir.

Si tu es célibataire, on t'indique ici que tu n'as besoin de personne pour t'aimer.

On te demande avant tout de cultiver l'amour de soi, le respect et l'estime de soi. Tu peux par exemple pratiquer des méditations d'estime de soi ou bien prendre soin de toi de façon plus intense ou encore honorer ton corps, tes cycles et tout ce qui constitue la personne que tu es.

LES CONSEILS D'OZALEE

La femme sauvage

✦ Éveille-toi
au féminin sauvage.

✦ Fais des choix
dans l'avenir.

✦ Travaille l'estime de soi
et le respect de soi.

✦ Affirme-toi
davantage.

LA MÉMOIRE DES PIERRES

Lithothérapie • Guérison • Progression

37

LA MÉMOIRE DES PIERRES

Mots-clés : lithothérapie, guérison, progression

La lithothérapie est une méthode de soin par les pierres.
Chaque pierre possède une énergie et une résonance particulière qui permet de nous aligner sur ses propriétés.
La lithothérapie invite à porter une pierre qui sera en relation avec nos besoins.
Ainsi, elle nous apportera l'harmonie et sera une aide pour une problématique ciblée : par exemple la gestion du stress, l'apaisement de nos émotions ou encore calmer les migraines.
Il existe autant de propriétés que de pierres.

MESSAGE CHAMANIQUE

La mémoire des pierres se présente à toi aujourd'hui, car tu es invité à faire un travail en lien avec les pierres et les cristaux.
Tu es en ce moment en plein cheminement spirituel et tu sembles avoir des blocages qui t'empêchent de cheminer vers la sérénité.
Cela peut être une blessure d'abandon, de trahison, un manque d'estime de soi ou autre.
Pour travailler ces blocages précis, on t'invite à te tourner vers une personne spécialisée en lithothérapie qui pourra te conseiller les pierres qui te seront essentielles.
On te dit bien que tu as une grande sensibilité à l'énergie des cristaux.
Ouvre-toi à leurs énergies et bienfaits pour évoluer dans ton chemin spirituel.

MESSAGE PROFESSIONNEL

Sur le plan professionnel, la carte de la mémoire des pierres t'apporte des énergies d'évolution et de progression.

Tu es à un tournant professionnel, et à présent tu as besoin d'évoluer afin de te sentir pleinement aligné.

Si tu es autoentrepreneur, tu peux par exemple varier tes projets actuels pour te sentir évoluer.

Cette carte indique également que l'usage des cristaux pour guérir fait partie de ta mission de vie.

MESSAGE SENTIMENTAL

Si tu es célibataire en ce moment, tu peux avoir l'envie d'avancer après une relation difficile où tu as pu connaître la trahison ou la malhonnêteté.

À présent, on te demande de prendre le temps de tourner la page et d'avancer.

Ton chakra du cœur et du sacré sont ceux qui ont le plus besoin de ton attention.

Pour t'aider à guérir de ces blessures émotionnelles et avancer, on t'invite à porter du quartz rose ou de la rhodocrosite afin de cultiver la compassion envers toi-même et nettoyer ton chakra du cœur.

Pour nettoyer ton chakra sacré, tu es invité à porter de la cornaline.

Si tu es en couple, on t'invite à nettoyer ton chakra du cœur en portant des pierres adéquates, car il semble que des résistances persistent au niveau de ton cœur, dues à d'anciennes relations compliquées.

Tu verras que tu te sentiras plus confiant pour continuer à vivre cette relation.

LES CONSEILS D'OZALEE

La mémoire des pierres

✦ Renseigne-toi
sur la lithothérapie.

✦ Porte des pierres
pour t'aider dans ta guérison.

✦ Nettoie ton chakra du cœur
à l'aide de pierres.

38

LE CŒUR DU GUERRIER

Masculin sacré • Équilibre • Audace

38

LE CŒUR DU GUERRIER

Mots-clés : masculin sacré, équilibre, audace

Le masculin sacré est présent chez les hommes comme chez les femmes.
Le masculin sacré pourrait se définir comme l'essence même de l'homme divin.
Il s'accompagne de qualités telles que la protection, la sensibilité, l'amour, le respect de toute forme de vie ou encore la justice.
Il est très lié au passage à l'action. Il est question d'utiliser sa force et son autorité au service du bien, et dans l'écoute de ses émotions.

MESSAGE CHAMANIQUE

Le cœur du guerrier t'apparaît aujourd'hui pour t'inviter à t'ouvrir et à intégrer le masculin sacré dans tes énergies.
Que tu sois une femme ou un homme, le masculin sacré est présent dans chaque être humain.
On t'invite à équilibrer tes deux polarités, le masculin et le féminin.
Si tu es un homme, pendant longtemps tu as pu souffrir d'une fausse masculinité, avoir une vision matérialiste et refouler ta sensibilité. La société pousse encore les hommes à s'éloigner de leurs essences divines.
Pour accepter ton masculin sacré, on te conseille de te détacher du regard des autres afin de ne pas être dans la comparaison.
On te demande aussi de te connecter à tes émotions, tes sensations et de les accepter.
Si tu es une femme, on t'invite à intégrer le masculin sacré afin d'oser prendre ta place.
Depuis toujours, on formate les femmes à être dans la discrétion. En intégrant le masculin sacré dans ses énergies, il est possible d'accepter sa force et de revendiquer sa véritable valeur.

MESSAGE PROFESSIONNEL

Si tu es une femme, tu peux en ce moment souffrir du syndrome de l'imposteur.

Pensant que tu n'es pas légitime dans ton domaine professionnel, tu as tendance à te restreindre ou encore à t'auto-saboter ce qui empêche ta réussite.

En intégrant le masculin sacré, tu pourras enfin oser prendre ta place et t'affirmer dans un projet professionnel en toute légitimité.

Si tu es un homme, tu peux avoir cette sensation d'être dans un domaine ou un milieu qui ne te correspond pas.

On t'indique ici que ton chemin professionnel actuel n'est pas la bonne voie, car tu as pu être influencé par le conditionnement de la société ou de ton enfance.

On t'invite à t'ouvrir à ton masculin sacré pour pouvoir retrouver ta véritable mission de vie et ainsi la vivre pleinement.

MESSAGE SENTIMENTAL

Si tu es en couple ou célibataire, on t'invite à intégrer le masculin sacré, que tu sois un homme ou une femme.

Ton couple gagnera en harmonie et en équilibre.

Il se peut qu'aujourd'hui tu sois encore dans des schémas de pensée conditionnés par la société qui représente une fausse image de la masculinité et de la féminité.

En intégrant ce côté sacré et divin, tu te sentiras plus connecté à ta véritable essence, totalement libre et en confiance, que tu sois en couple ou célibataire.

LES CONSEILS D'OZALEE

Le cœur du guerrier

✦ Intègre
le masculin sacré.

✦ Connecte-toi
à tes émotions et à tes ressentis.

✦ Ouvre-toi
à l'audace.

LES MESSAGES DES CARTES

Le monde du haut

39

L'ARBRE DES ANCÊTRES

Héritage • Karma familial • Mémoires transgénérationnelles

39

L'ARBRE DES ANCÊTRES

Mots-clés : héritage, karma familial, mémoires transgénérationnelles

Dans le chamanisme, l'arbre des ancêtres se trouve dans le monde du haut. Il s'agit d'un endroit où se trouvent les membres de nos lignées maternelles et paternelles.

Nos ancêtres sont nos alliés, au même titre que nos guides et nos animaux totems.

En effectuant un voyage dans le monde du haut, à la rencontre de l'arbre de nos ancêtres, il est possible de se reconnecter à eux pour qu'ils puissent nous transmettre leurs conseils, leurs connaissances, leurs acquis et pour travailler sur le karma familial.

Nos ancêtres nous ont laissé un merveilleux héritage de sagesse ancienne à incarner.

Ces mémoires ancestrales sont transmises de génération en génération à travers les cellules.

MESSAGE CHAMANIQUE

En ce moment, tu es invité à te reconnecter à tes ancêtres.

Ils détiennent depuis des générations, à travers les gênes, certaines connaissances et certaines expériences.

Pour avancer sur ton chemin de vie, tu es invité à t'ouvrir et à te connecter à l'arbre de tes ancêtres afin de recevoir certains messages.

Tu peux le faire en effectuant un voyage dans le monde du haut par exemple ou bien poser l'intention de recevoir leurs messages à travers une méditation ou lors d'un rêve.

Tu peux par exemple commencer par honorer tes ancêtres en créant un autel en leur honneur ou en allumant une bougie.

Quand cette carte apparaît, il est également possible que tu sois accompagné d'un défunt qui souhaite te transmettre un message. Prête une attention particulière aux énergies qui t'entourent et aux signes que tu reçois.

Tu es également invité à te renseigner sur ton karma familial.

Certaines blessures ou certaines mémoires qui ne sont pas les tiennes se répètent de génération en génération.
En te reconnectant à tes ancêtres, tu pourrais comprendre d'où viennent ces blessures. Tu pourras alors te détacher de ce poids familial que tu portes mais qui ne t'appartient pas.
Recevoir cette carte dans un tirage spirituel signifie aussi qu'il y a des résistances au niveau de ton chakra racine et que tu as des difficultés à t'ancrer.
Tu es maintenu dans une énergie de stagnation de tes projets et dans des schémas de pensée bloquants.

MESSAGE PROFESSIONNEL

En ce moment, tu as l'impression de stagner. Et pourtant, tu as cette envie d'avancer vers de nouveaux projets, une promotion ou même une transition professionnelle.
Tu as beaucoup d'idées, mais rien ne se concrétise pour le moment, car tu fais face à des doutes et des peurs venant de ton mental qui te découragent et qui peuvent t'apporter des énergies de procrastination.
Ton manque d'ancrage réduit ces énergies de stagnation, de retard et de schémas de pensée bloquants qui t'empêchent d'être dans l'action.
L'arbre de tes ancêtres t'invite à travailler sur ton ancrage afin de concrétiser tes projets professionnels.
Tu pourras enfin être dans l'action avancer, lutter contre les doutes et la peur d'un changement professionnel.

MESSAGE SENTIMENTAL

Si tu es en couple, il y a sans doute des blessures et mémoires venant de ton karma familial qui entravent la relation. Pour être dans une énergie totalement douce et saine, on te demande de te renseigner sur ton karma familial, de comprendre si des schémas se sont reproduits et si des mémoires bloquantes ont été transmises de génération en génération.
En te connectant à tes ancêtres, tu pourras avoir ces réponses qui t'aideront à lever les doutes et les peurs à l'égard des relations sentimentales.
Tu connaîtras une vraie énergie de douceur et de clarté.
Si tu es célibataire pour le moment, tu peux être bloqué par des souvenirs venant de ton karma familial. En te libérant de ce karma familial, tu vas pouvoir rentrer dans une énergie où tu te sentiras prêt à te lancer dans une relation sans avoir ni doutes ni peurs.

LES CONSEILS D'OZALEE

L'arbre des ancêtres

+ Prévois un voyage chamanique à la rencontre de l'arbre de tes ancêtres.

+ Pratique la méditation d'ancrage.

+ Passe du temps dans la nature.

+ Renseigne-toi sur ton karma familial.

40

LES VOYAGES DE L'ÂME

Voyage • Vérité • Vies antérieures

40

LES VOYAGES DE L'ÂME

Mots-clefs : voyage, vérité, vies antérieures

Il est courant que notre âme voyage, durant notre sommeil, pendant un voyage chamanique ou tout état comportant un état de conscience modifié.

Le chaman a ce rôle de maintenir l'équilibre entre le monde visible et le monde des esprits. Pour cela, il voyage dans le monde du bas, dans le monde du haut ou dans le monde du milieu pour questionner les esprits avec qui il collabore afin de trouver des réponses.

Au son du tambour, les ondes du cerveau changent en ondes thêta qui correspondent aux ondes de la relaxation profonde, état pendant lequel on peut expérimenter un voyage de l'âme ou un voyage chamanique.

Dans cet état, le chaman peut contacter son animal de pouvoir pour un message ou une guérison. Il peut aussi se connecter avec des guides spirituels et les divinités qui l'accompagnent dans le monde du haut.

MESSAGE CHAMANIQUE

Cette carte signifie que tu es en plein travail au niveau karmique, au niveau de tes vies antérieures.

C'est le bon moment pour toi d'aller à la rencontre de tes vies antérieures et de commencer un travail de guérison. Certaines mémoires karmiques te bloquent encore pour avancer sur ton chemin spirituel et être pleinement en phase avec toi-même et avec ta mission de vie.

Pour cela, tu es également invité à mettre en place le voyage chamanique dans ta vie, à aller à la rencontre de tes alliés dans le monde du bas et le monde du haut pour trouver des réponses ou recevoir des guérisons énergétiques.

Tu es également invité à partir dans un endroit sacré, à voyager plus loin pour aller dans ta quête spirituelle.

Cette période te permettra de mieux te comprendre et d'apporter la lumière sur ton chemin de vie.

Ce travail karmique te permettra de ressentir ce sentiment d'accomplissement spirituel auquel tu as longtemps aspiré.
Avec le travail et l'accomplissement spirituel qui se met en place dans ta vie, de nouveaux plans sont en train de s'ouvrir à toi.
Tu vas te sentir de plus en plus prêt à vouloir partager ton savoir et ton expérience spirituelle et la diffuser afin de faire évoluer les consciences.
Tu vas être amené à être de plus en plus dans le partage.

MESSAGE PROFESSIONNEL

En ce moment, tu es invité à prendre du recul sur tout ce que tu as accompli jusqu'à maintenant au niveau professionnel.
Tu ressens actuellement une confusion et une charge mentale dans tes énergies et pour le moment on te demande de faire le bilan sur le chemin que tu as parcouru.
Il est peut-être temps pour toi de faire un bilan de compétences ou de prendre un moment de pause afin de réfléchir à la suite de ta vie professionnelle.
Un voyage professionnel peut aussi être envisagé.
Recevoir cette carte signifie que ta mission de vie est en lien avec la spiritualité.
Il se peut également que tu aies du mal à te lancer dans un projet professionnel aujourd'hui, car tu as des doutes et des peurs qui peuvent venir d'anciennes vies.
On t'invite à t'ouvrir à tes vies antérieures afin de comprendre comment celles-ci influent sur la personne que tu es aujourd'hui.
Prends le temps de réfléchir à ce que tu souhaites vraiment concernant ta vie professionnelle plutôt que de te lancer tête baissée.

MESSAGE SENTIMENTAL

Avec cette énergie de voyage, au niveau sentimental, si tu es en couple : on te demande d'apporter cette énergie de légèreté à ton couple. Tu peux par exemple prévoir un voyage ensemble qui renforcera la relation.
Que tu sois en couple ou célibataire, il se peut que tu ressentes encore des peurs concernant ta vie sentimentale, une peur de te lancer et de faire confiance à l'autre. Ces peurs viennent de tes vies antérieures ou de ton chakra du cœur qui ont été à plusieurs reprises blessés.
On t'invite à te libérer de ces blessures de tes vies antérieures afin d'avancer de façon saine et fluide dans ta vie sentimentale.

LES CONSEILS D'OZALEE

Les voyages de l'âme

✦ Prévois
un voyage chamanique
au tambour
à la rencontre de tes alliés.

✦ Effectue
un soin karmique.

✦ Pars à la rencontre
de tes vies antérieures.

✦ Pars en voyage
dans un endroit sacré
qui te fera évoluer
spirituellement.

41

Wakan Tanka

Lois universelles • Loi de l'attraction • Guérison émotionnelle

41

WAKAN TANKA

Mots-clés : lois universelles, loi de l'attraction, guérison émotionnelle

Dans la tribu des Sioux-Lakotas, le Wakan Tanka correspond au Grand Esprit, à l'esprit universel.
Wakan Tanka signifie littéralement « Sacré Grand ».
Le Wakan Tanka correspond pour nous à l'Univers, ce grand tout qui régit les lois de l'Univers.
Cet esprit n'a pas de forme. Le Wakan Tanka est toujours en mouvement et il imprègne tout.
Son pouvoir habite tout ce qui vit. Le Wakan Tanka ne cesse jamais de créer. Il correspond à la source suprême de la sagesse, esprit généreux qui éclaire le chaman.

MESSAGE CHAMANIQUE

En ce moment, tu es invité à te connecter au Wakan Tanka, le Grand Esprit.
Tu es invité à t'ouvrir à tous les aspects de toi-même, à prendre conscience de toutes tes expériences passées qui se cristallisent et forment la personne que tu es aujourd'hui, entière, ancrée et authentique.
On te demande de prendre en compte tout le chemin que tu as accompli jusqu'à maintenant et de remercier le Wakan Tanka (l'Univers) pour tout ce beau chemin que tu as parcouru.
La Wakan Tanka annonce aussi la guérison émotionnelle. Ton passé est bien derrière toi et il est maintenant temps pour toi d'avancer sans être rattrapé ou consumé par ton passé.
Tu reçois à présent le réconfort universel, il n'y a pas de place pour la peur quand ton cœur se gonfle d'amour.
À présent, tu es entouré de cet amour universel du Grand Esprit et de toute son énergie lumineuse et guérisseuse. C'est le moment pour toi d'exprimer ce que tu souhaites à l'Univers, car le Grand Esprit t'entend.

Tu peux prêter une attention particulière aux signes de l'Univers que tu reçois en ce moment, car il se peut que tu reçoives beaucoup de signes et de synchronicités concernant une situation.

MESSAGE PROFESSIONNEL

L'énergie du Wakan Tanka apporte de très bonnes nouvelles concernant le domaine professionnel.
Si tu attends une réponse ou une nouvelle, c'est le signe que tu auras une réponse très rapidement.
Ces nouvelles sont le résultat d'une concrétisation attendue, l'Univers est avec toi et t'accompagne dans la meilleure direction.
On t'invite à travailler sur la loi de l'attraction concernant ce que tu souhaites manifester dans le milieu professionnel : un changement de poste, un nouvel environnement ou bien une évolution professionnelle. Cette carte t'indique le bon moment pour travailler avec l'esprit du Wakan Tanka.
Tu peux par exemple créer un *vision board* de ce que tu souhaites accomplir dans ton milieu professionnel avec des objectifs clairs et travailler avec la visualisation pour concrétiser ces projets.
Sache que tu es soutenu en ce moment par l'Univers, le Wakan Tanka, le Grand Tout. Accueille-le, car en travaillant avec cet esprit et la loi de l'attraction tu seras surpris des résultats que tu obtiendras.

MESSAGE SENTIMENTAL

Dans le domaine sentimental, si tu es en couple et que quelque chose ne va pas, c'est le moment de ne plus se le cacher et de mettre en œuvre les changements nécessaires.
Si tu es célibataire, le Wakan Tanka t'invite à te connecter à son énergie afin de travailler avec des affirmations positives et des visualisations en lien avec la loi de l'attraction.
C'est le bon moment pour toi de faire le point et de réfléchir à ce que tu recherches dans une relation, ce qui te plaît, ce que tu ne veux plus, et de tout mettre en œuvre en lien avec l'Univers pour que cela se produise.
Fais confiance à l'Univers, car les choses sont en train de se mettre en place.
L'Univers te demande de leur faire confiance plutôt que de cultiver tes peurs et tes doutes : suis la voie sur laquelle tu chemines actuellement, tu es dans la bonne direction.

LES CONSEILS D'OZALEE

Wakan Tanka

✦ Pratique la méditation
de connexion
au Wakan Tanka.

✦ Crée un *vision board*
pour ce que tu souhaites
accomplir.

✦ Travaille
avec des affirmations
positives.

✦ Travaille
avec le pouvoir
de la visualisation
pour obtenir
ce que tu souhaites.

42

L'AURORE BORÉALE

Beauté • Cercle de vie • Magie

42

L'AURORE BORÉALE

Mots-clés : beauté, cercle de vie, magie

Selon certains peuples autochtones d'Amérique du Nord, les aurores boréales reflètent la croyance que les lumières sont les âmes des ancêtres disparus.

Pour d'autres, elles représentent les esprits des animaux tués lors de la chasse.

Certaines légendes amérindiennes décrivent les aurores boréales comme des torches tenues par les esprits, chargés d'accompagner les morts à travers l'abîme menant à une terre de lumière et d'abondance.

Les tribus des Esquimaux (Inuits) pensaient converser avec les membres de leur famille disparus.

Ils pensaient également que les lumières étaient un moyen de communiquer avec leurs ancêtres. Et quand les chiens aboyaient en voyant les lumières, ils signalaient qu'ils reconnaissaient leurs compagnons perdus.

MESSAGE CHAMANIQUE

En ce moment, on te conseille de t'ouvrir à la magie du monde stellaire.

Les étoiles dans le ciel regorgent de messages, d'informations et de lumière qui t'éclaireraient beaucoup en ce moment.

Tu peux, si tu le souhaites, passer une nuit à la belle étoile, rester un moment à observer les étoiles à l'œil nu ou au télescope afin de te connecter aux esprits contenus dans ces étoiles. Ils sont là pour t'apporter un message ou une guidance. Tu es invité à t'ouvrir à la magie de la vie et à sa beauté.

Observe à quel point l'Univers est beau et parfait.

Tu peux également t'intéresser à la géométrie sacrée pour aller plus loin dans ton apprentissage sur l'Univers sacré.

L'aurore boréale est aussi ici pour te rappeler l'infinité et la l'immensité de l'Univers et fait référence à la liberté.

Ton âme à besoin de cette liberté pour te sentir totalement bien et aligné sans que rien ne te retienne.
Cette carte t'invite à utiliser la loi de l'attraction en ta faveur, en exprimant ce que tu souhaites manifester dans ta vie, mais n'oublie pas de lâcher prise.
En envoyant des énergies d'impatience, ton attente pourrait devenir longue.
Sache que l'Univers veille sur toi et t'écoute.
Cette carte est aussi le message qu'un défunt disparu est en ce moment à tes côtés pour te guider, te protéger et t'accompagner.

MESSAGE PROFESSIONNEL

Tu peux en ce moment avoir du mal à accepter ta réussite professionnelle et tu peux te retrouver face au syndrome de l'imposteur.
Tu as donc du mal à accepter ce que tu reçois : les bons retours, la réussite...
On t'invite à accepter les compliments, à être rempli de gratitude pour ce que tu reçois professionnellement.
L'énergie des aurores boréales t'invite à voir loin et grand ton avenir professionnel. Ne te fixe pas de « petits » objectifs si tu penses ne pas réussir à atteindre tes objectifs les plus fous.
En acceptant ce que tu reçois actuellement au niveau professionnel et en étant dans une énergie de gratitude et de compassion envers toi-même, il sera plus simple pour toi d'être confiant quant à tes objectifs.

MESSAGE SENTIMENTAL

Au niveau sentimental, on t'invite à garder l'esprit ouvert, car la personne qui te correspond pourrait être différente de la personne que tu espères.
Tu peux encore avoir cette croyance qu'un type de personne est fait pour toi, mais, avec l'énergie des aurores boréales, on te demande de t'ouvrir à tous les champs des possibles concernant ta vie sentimentale.
Tu pourrais recevoir une énergie de surprise prochainement concernant ta situation sentimentale, une personne revenant de ton passé ou bien une personne à laquelle tu n'aurais pas pensé.
Si tu es en couple, les énergies des aurores boréales apportent de la magie dans le couple. On t'invite à t'ouvrir à la beauté intérieure et extérieure de la personne avec qui tu es en couple.
On te demande de prendre un moment pour contempler ce que tu aimes chez cette personne, et prendre conscience de l'amour que tu ressens pour elle, car tu ne prends peut-être pas assez le temps de contempler l'amour que tu lui portes. Tu verras, cette sensation est magique.

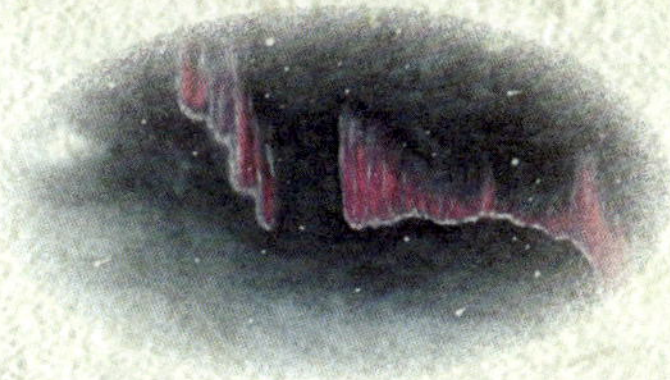

LES CONSEILS D'OZALEE

L'aurore boréale

✦ Passe un moment
à observer les étoiles.

✦ Intéresse-toi
au monde stellaire.

✦ Reçois un soin
en langage de lumières.

✦ Observe la magie
et la beauté du ciel.

43

LE PASSAGE D'ÂME

Mondes subtils • Chakra coronal • Changement

43

LE PASSAGE D'ÂME

Mots-clés : mondes subtils, chakra coronal, changement

Le passeur d'âme permet de faciliter les changements.
Il aide les passages d'une âme tout au long de son incarnation terrestre à apprivoiser les gros changements d'une vie, comme le passage de l'enfance à l'adolescence, de l'adolescence à l'adulte et le passage à la fin de vie.
Il peut également aider dans des transitions de vie comme un déménagement, changement professionnel ou sentimental.
Le passeur d'âme aide aussi les âmes qui ont besoin de s'élever pour leurs futures incarnations.

MESSAGE CHAMANIQUE

Tu reçois ce message, car tu as cette capacité d'accompagner les personnes dans de grands changements de leurs vies, et cela fait partie de ta mission de vie.
On t'invite également à t'ouvrir à ta médiumnité.
Si tu reçois ce message aujourd'hui, ce n'est pas un hasard. On te demande d'utiliser ton intuition et ta médiumnité pour venir en aide aux autres et transmettre des messages.
Tu peux t'ouvrir également au « channeling », qui est un procédé de communication entre un être humain et une entité appartenant à une autre dimension. Cela peut être un ange, un maître ascensionné, une divinité ou autres.
On t'incite à développer ta médiumnité et on te dit bien que tu es un canal de lumière qui réussit à entrer en communication avec d'autres plans de conscience.

Tu peux également être dans une phase de ta vie où tu traverses d'importants changements et bouleversements.
Sache que les changements que l'Univers apporte sur ton chemin de vie sont bénéfiques pour toi.
Ils te permettent d'entrer dans de nouvelles transitions de ta vie pour que tu puisses évoluer.

MESSAGE PROFESSIONNEL

Sur le plan professionnel, l'énergie du passage d'âme amène de gros changements et des transitions professionnelles.
Beaucoup de choses sont en train de changer dans ton domaine professionnel.
Il est possible que tu obtiennes un changement de poste ou encore une opportunité dans un domaine différent.
Elle peut être difficile à gérer au début, mais cette transition professionnelle sera bénéfique à long terme et te fera évoluer.
Cette énergie du passage de l'âme te fait sortir de ta zone de confort pour expérimenter des choses qui te faisaient peur auparavant.

MESSAGE SENTIMENTAL

Le passage d'âme signifie une grande avancée dans la relation sentimentale.
Un passage clef de la relation sentimentale est en ce moment en cours.
Il peut s'agir d'un emménagement à deux ou même un niveau d'engagement supérieur comme un mariage. Ta vie amoureuse est en train de s'élever à un niveau supérieur d'engagement.
On te demande d'en profiter même si cela peut te faire peur au premier abord.
Si tu es célibataire, les énergies sont chamboulées en ce moment, car un grand nombre de libérations et de nettoyages énergétiques se produisent actuellement.
On te demande de suivre ce processus de libération et de nettoyage afin d'être prêt à t'ouvrir à l'amour.

LES CONSEILS D'OZALEE

Le passage d'âme

✦ Intéresse-toi
au « channeling ».

✦ Reçois un soin
langage de lumière
pour t'aider
dans la libération.

✦ Sors de ta zone de confort
pour expérimenter
les changements.

44

LA DÉESSE SEDNA

Élément eau • Valeur • Estime

44

LA DÉESSE SEDNA

Mots-clés : élément eau, valeur, estime

Sedna, déesse de la mer, est une déesse de la mythologie inuite.
La légende de Sedna raconte qu'elle vivait seule avec son père et qu'un jour elle fut envoûtée par un homme-oiseau qu'elle épousa.
Cet homme n'était pas bon et fut maltraitant avec elle.
Un jour, la jeune femme disparut, son père inquiet partit rapidement à sa recherche.
Après l'avoir trouvée, ils rentrèrent tous les deux vers leur île.
Mais le mari de Sedna déchaîna les eaux pour empêcher leur fuite.
Voyant leur fin proche dans ces eaux déchaînées, le père décida de sacrifier Sedna qui retenait l'embarcation en la jetant à la mer.
Mais, désespérée, elle suppliait son père et s'agrippait au bateau.
Son père lui trancha les doigts.
Ses doigts devinrent des poissons et ses mains ont donné naissance à divers animaux marins.
Sedna coula au fond de l'eau et devint une déesse marine et prit la forme d'une sirène.
On dit que quand la mer est déchaînée, c'est la colère de Sedna qu'on peut entendre.
La légende de Sedna apprend et rappelle aux hommes qu'ils doivent respecter les femmes et la mer.

MESSAGE CHAMANIQUE

Les énergies de la déesse Sedna t'accompagnent en ce moment.
Celles-ci te rappellent de prendre conscience de ta valeur et que tu as le droit de dire non quand tu le souhaites.
Beaucoup de personnes confondent, à tort, amour de soi et égoïsme.
Dire non et poser des limites claires ne signifie pas être égoïste, mais se respecter et respecter les autres aussi.

En prenant conscience de ta valeur, tu pourras également t'affirmer et t'exprimer plus facilement.
Tu peux par exemple exprimer des affirmations positives chaque jour comme « J'ai confiance en mes capacités et en mes valeurs » ou visualiser la personne que tu as envie de devenir, fière et sûre d'elle.
Cette carte t'indique également que tu as un fort lien avec l'élément eau (océan, mer, lacs, rivières).
Si le moment et le temps te le permettent, on te demande d'effectuer un nettoyage et une purification par l'eau.
Par exemple, passer une journée à la mer ou bien te baigner dans un lac.
Cela te fera le plus grand bien pour te connecter aux énergies de Sedna qui t'apporte force et confiance.

MESSAGE PROFESSIONNEL

Tu peux en ce moment avoir du mal à t'affirmer et à définir des limites claires concernant ton travail.
Tu es invité à travailler sur ton chakra de la gorge et ton chakra sacré.
Le travail sur le chakra de la gorge t'aidera à t'affirmer et à t'exprimer dans ton environnement professionnel et le chakra sacré t'aidera à prendre confiance en toi et assumer tes choix.
Tout cela te permettra de fixer des limites claires et saines dans ton milieu professionnel.

MESSAGE SENTIMENTAL

En ce moment, dans ta relation sentimentale, tu peux ressentir des tensions et de la colère.
Pendant longtemps, tu as pu être dans des schémas de dépendance affective, et aujourd'hui on t'affirme que tu es prêt à te détacher de ces liens malsains.
La légende de Sedna te rappelle la notion de respect dans la relation sentimentale.
Tu es invité à dire non et à apprendre à poser des limites saines pour que la relation puisse évoluer sereinement.
On te rappelle ici que tu es une personne puissante et qu'en aucun cas tu ne dois dire « oui » sous la contrainte.

LES CONSEILS D'OZALEE

La déesse Sedna

✦ Affirme-toi.

✦ Pose des limites saines.

✦ Crée des affirmations positives concernant l'estime de soi.

✦ Mets un terme aux relations toxiques.

45

LE RECOUVREMENT D'ÂME

Traumatisme • Blessure • Guérison

45

LE RECOUVREMENT D'ÂME

Mots-clés : traumatisme, blessure, guérison

Le recouvrement d'âme est une pratique chamanique ancestrale qui permet de retrouver cette partie perdue.
Nous avons perdu des parties de nous-mêmes lors de moments pénibles de notre vie (deuil, maladie, séparation, agression, opérations, coma...) et notre âme s'est alors morcelée.
Les symptômes sont: problèmes physiques, angoisse, dépression, douleurs chroniques. Ces parties ne sont pas perdues mais elles se sont logées dans le monde invisible.
Le chaman piste dans le monde non ordinaire là où les parties d'âme nous ont quittés. Nous les ramènerons en nous afin que cette guérison spirituelle aide à un meilleur rétablissement du corps physique.

MESSAGE CHAMANIQUE

En ce moment, tu peux ressentir cette impression qu'il manque une partie de toi, tu te sens instable et tu as du mal à être positif. Il est possible que tu aies vécu un évènement récent qui t'a énormément affecté comme un traumatisme.
Au niveau physique, tu peux ressentir une fatigue chronique, des angoisses ou encore une dépression.
Ton âme s'est morcelée à la suite de ce traumatisme, et les parties de ton âme se logent à présent dans l'invisible. On te demande aujourd'hui de t'ouvrir à une guérison de recouvrement d'âme, afin que tu puisses récupérer cette partie de ton âme qui fait que tu ne te sens pas bien aujourd'hui.
Chacun d'entre nous, au cours de sa vie, a pu subir un traumatisme qui a créé des fractures dans nos énergies.
En plus de cette guérison par le recouvrement d'âme, on t'invite également à te reconnecter à l'énergie positive que tu avais avant de vivre ce traumatisme.

MESSAGE PROFESSIONNEL

En ce moment, tu peux traverser une période difficile dans ta vie professionnelle.
Ta situation actuelle peut provoquer une anxiété, un stress et une pression dans tes énergies.
Au niveau financier, tu peux aussi être dans une impasse.
Au lieu d'avancer dans ta vie professionnelle et dans cet état de stress, on te demande de faire le point sur ta situation de façon neutre et apaisée.
Tu peux par exemple prendre un peu de temps hors travail puis revenir avec les idées plus claires.
On t'invite à discuter de ta situation avec une personne de confiance qui pourra être plus objective que toi.
Étant donné la situation difficile, on te demande de te concentrer sur un loisir, une passion, une activité qui te permettra de remonter ton taux vibratoire puis de réinvestir cette énergie positive dans ton travail.

MESSAGE SENTIMENTAL

En ce moment, ta relation sentimentale est source d'une grande anxiété.
Il se peut que tu connaisses des disputes ou de la colère non exprimée dans ta relation actuelle.
Il est possible que tu traverses une période difficile dans ton couple.
Quand cette carte se présente, c'est le signe que vos deux âmes sont très différentes et que vos chemins de vie font que vous ne soyez pas faits l'un pour l'autre, en tout cas pour le moment.
Si tu es célibataire, cette carte t'indique de ne pas être trop difficile envers toi-même.
Tu peux être encore troublé par des erreurs du passé et on te demande aujourd'hui de pardonner.
De te pardonner, mais aussi de pardonner aux autres.
Abandonne tes peurs, abandonne ton anxiété pour te donner une vraie chance de montrer qui tu es.

LES CONSEILS D'OZALEE

Le recouvrement d'âme

+ Effectue un soin de recouvrement d'âme.

+ Entoure-toi de personnes de confiance et bienveillantes.

+ Cultive des affirmations positives.

+ Reprends une passion qui t'anime.

46

LE ROYAUME DES MORTS

Fin • Renaissance • Détachement

46

LE ROYAUME DES MORTS

Mots-clés : fin, renaissance, détachement

Dans le chamanisme, le royaume des morts se trouve dans le monde du haut.
Le royaume des morts est peuplé d'âmes qui se préparent pour leurs futures incarnations.
Cela correspond à l'endroit où l'on se trouve avant notre prochaine incarnation.
Les entités faisant partie du royaume des morts ne sont donc pas encore incarnées.
Ce monde est constitué de vibrations très fines.

MESSAGE CHAMANIQUE

Cette carte t'invite à te détacher des mauvaises habitudes, des excès ou bien des vieux souvenirs pour t'ouvrir à un nouveau cycle de ta vie.
Le passé est loin derrière toi et on t'indique qu'une phase de changement approche pour laisser place à un renouveau.
Tu peux par exemple faire une liste de ce qui encombre inutilement ta vie et agir pour te détacher de tout ça.
En ce moment, tu peux avoir cette sensation que tous tes acquis et tes habitudes de vie ne te correspondent plus et ne fonctionnent plus.
Tu peux ressentir des impasses dès que tu essaies d'entreprendre quelque chose.
Tout cela te montre qu'il y a une renaissance qui est en cours pour toi.
Tu vas prochainement expérimenter une période de renaissance qui te sera très bénéfique.
Durant cette période, tu rencontreras des aspects plus profonds de ta personnalité.

Peut-être es-tu en ce moment en train d'évoluer spirituellement par le travail que tu fais sur toi, et cela t'apportera beaucoup plus que tu ne le penses.
Ce message t'invite aussi à réaliser un voyage chamanique dans le monde du haut pour te connecter à tes alliés du monde du haut. Tu pourrais recevoir des messages et des soins énergétiques.

MESSAGE PROFESSIONNEL

Sur le plan professionnel, un processus de renaissance et de changement est en cours.
On t'alerte sur le fait qu'il ne faut pas être trop dépendant de ta vie professionnelle ou un aspect de ta vie professionnelle, car dans la vie tout est en perpétuel changement.
Il est temps pour toi d'envisager un nouvel emploi ou même de te lancer dans un projet.
Sache que ces changements professionnels seront positifs et tu en tireras des enseignements.

MESSAGE SENTIMENTAL

Si tu es en couple, on t'invite à réfléchir sur l'état actuel de la relation.
Il semble que vous vous accrochez à d'anciens schémas de pensée qui empêchent votre relation d'avancer.
Cette carte apporte des énergies de changement et de renouveau dans le couple.
Si des tensions se font actuellement sentir dans ton couple, il se peut que cela mène à une fin pour que tu puisses te retrouver avec toi-même.
Cela peut indiquer un divorce ou une séparation.
Le royaume des morts est une carte qui cherche à bousculer des schémas de pensée profondément ancrés.
Si tu es célibataire, tu es invité à te libérer émotionnellement et énergétiquement de ton ancien partenaire, car il se trouve qu'il a encore de l'influence sur tes énergies actuellement.
Le passé appartient au passé, on te demande de te détacher de tes anciennes relations et d'en faire le deuil pour enfin vivre dans l'instant présent.

LES CONSEILS D'OZALEE

Le royaume des morts

✦ Fais l'exercice des bonhommes allumettes de Jacques Martel.

✦ Écris sur des petits papiers ce qui ne te convient plus et brûle-les un par un en posant l'intention que ce qui est écrit dessus n'ait plus d'influence dans ta vie.

✦ Réalise un voyage chamanique dans le monde du haut à la rencontre de tes alliés.

✦ Effectue une méditation de nettoyage énergétique.

47

LES ANGES NUNNENI

Royaume angélique • Vibration pure • Guérison

47

LES ANGES NUNNENI

Mots-clés : royaume angélique, vibration pure, guérison

Chez les peuples autochtones d'Amérique du Nord, les anges sont appelés les « Nunneni ».

Les Nunneni se trouvent dans le monde du haut.

Le monde du haut réside dans des plans vibrationnels supérieurs.

Dans ce monde, nous pouvons partir à la rencontre des anges, des archanges, des maîtres ascensionnés, des guides spirituels, des êtres de lumière et des âmes d'énergie angélique.

Les anges nous accompagnent dans toutes nos démarches et nous conduisent vers le bonheur.

MESSAGE CHAMANIQUE

En ce moment, on t'invite à t'ouvrir aux énergies du royaume angélique, qui se trouve dans le monde du haut.

Cette carte est un signe que tes anges gardiens te tendent la main en ce moment.

Durant tout le voyage de ta vie, des guides et des anges te conduisent de l'autre côté en t'offrant amour et soutien dans les moments difficiles.

Sache que tes guides, défunts et anges gardiens sont actuellement plus que jamais avec toi et qu'ils te soutiennent.

On t'invite à t'allonger dans un endroit confortable, à écouter une musique angélique ou des fréquences à 111 Hz.

Cela te permettra de te connecter à tes anges gardiens et de recevoir leurs guidances.

Toujours en écoutant cette fréquence, on t'invite à poser l'intention de partir à la rencontre de tes anges gardiens.

Ferme tes yeux et laisse ton âme s'élever aux fréquences angéliques.
Remercie également tes guides et anges de t'apporter ces guidances.
Pour t'aider à renforcer la protection et la connexion avec tes anges, on te conseille de porter du quartz rose.

MESSAGE PROFESSIONNEL

Concernant ton milieu professionnel, les anges Nunneni t'apportent des énergies de légèreté et t'ouvrent au champ des possibles.
Tu vas prochainement recevoir plusieurs opportunités. Ne te sous-estime pas et ouvre-toi à ces possibilités.
L'une d'entre elles sera la bonne pour toi.
Si tu souhaites te lancer dans un projet, les énergies sont très favorables.
On te demande juste de te faire confiance et de croire en tes projets. Les Nunneni qui t'accompagnent actuellement.
Pour t'aider à avancer professionnellement, tu peux par exemple effectuer un voyage dans le monde du haut en posant l'intention de partir à la rencontre de tes anges et archanges présents pour toi.
Tu pourras alors recevoir leurs messages et des guidances concernant ton domaine professionnel.

MESSAGE SENTIMENTAL

L'énergie angélique des Nunneni t'apporte la confiance dans la relation amoureuse.
Si tu es en couple, on t'invite à ouvrir tes sentiments et tes émotions profondes.
On t'indique que tu vas être dans une vraie construction au niveau sentimental et que celle-ci va s'élever à un niveau d'engagement supérieur comme un mariage ou une demande d'officialisation.
Si tu es célibataire, on te demande de t'ouvrir aux opportunités et aux possibilités, car les énergies des anges Nunneni te sont très favorables pour rencontrer la personne idéale.

LES CONSEILS D'OZALEE

Les anges Nunneni

✦ Effectue
un voyage chamanique
dans le monde du haut
à la rencontre
de tes anges gardiens.

✦ Écoute une musique angélique
de fréquence 111 Hz.

✦ Porte du quartz rose.

48

L'ESPRIT GOHONE

Hiver • Isolement • Introspection

48

L'ESPRIT GOHONE

Mots-clés : hiver, isolement, introspection

Chez les Iroquois, Gohone est un esprit de saison, une divinité qui personnifie l'hiver.

Comme tous les esprits des saisons, il est un serviteur du Grand Esprit.

Dans le chamanisme, le solstice d'hiver marque la nuit la plus longue de l'année.

Cette période symbolise le repos et l'espoir.

C'est une période de creux d'où la vie va germer et prendre forme.

Le solstice d'hiver (Yule) et la fête de Noël sont des moments précieux que l'Univers nous donne pour écouter, travailler sur nous et pour profiter d'un moment d'introspection.

MESSAGE CHAMANIQUE

Gohone est l'esprit représentant la saison de l'hiver.

Cela veut dire que tu vas rentrer dans une période de stagnation, un moment d'hibernation.

Cette carte t'invite à réfléchir sur ta vie et ce que tu souhaites accomplir.

Tu as connu une période d'imprévus, de stress et de fatigue.

Quand l'esprit de l'hiver se présente dans ta vie, c'est que tu es fortement invité à prendre une pause bien méritée afin de recharger tes batteries intellectuelles, spirituelles et émotionnelles.

On te demande de t'isoler dans un endroit calme où tu vas pouvoir retrouver la sérénité afin de te reposer.

MESSAGE PROFESSIONNEL

L'esprit Gohone dans le côté professionnel t'apporte une énergie de calme et de repos. Si tu es actuellement à la recherche d'un travail, il se peut qu'il y ait très peu d'opportunités qui se présentent. Il faudra donc prendre ton mal en patience et ne surtout pas te décourager. Si tu commences un emploi prochainement, comme les énergies sont très calmes, il est possible que tu commences cet emploi un peu plus tard que prévu. Si tu es en poste, les évolutions se font attendre.

Il se peut qu'une période calme et stagnante arrive, qui sera l'occasion de réfléchir aux changements que tu aimerais accomplir dans le milieu professionnel. Fais une pause pour revenir plus fort. Pense davantage stratégie et planification afin de revenir rempli d'énergie et organisé.

MESSAGE SENTIMENTAL

L'esprit Gohone dans un tirage sentimental indique un moment de pause pour prendre le temps de guérir émotionnellement des relations difficiles que tu as pu connaître.

Tu as pu avoir une peine de cœur récente et tu ressens encore du chagrin.

Si tu es célibataire et que tu cherches quelqu'un, l'esprit Gohone indique que le moment n'est pas encore venu pour toi de t'ouvrir aux rencontres.

Il se peut que tu n'en aies pas encore pleinement conscience mais tu as encore des blessures au chakra du cœur.

On t'invite à prendre soin de toi et à penser à toi avant d'être totalement prêt à te lancer dans une relation.

En période de solitude et d'isolement, pense aux habitudes ou attitudes que tu as eu tendance à répéter dans tes précédentes relations afin de savoir ce que tu ne souhaites plus reproduire.

Donne-toi le temps de guérir émotionnellement des blessures de ton passé amoureux, cela te permettra d'aller en toute confiance à la rencontre de la personne qui te correspondra.

Si tu es en couple, il se peut que tu aies besoin de souffler en ce moment.

Les circonstances actuelles font que tu as besoin de temps pour toi.

Une période d'isolement entre ton partenaire et toi se profile.

Cela ne veut pas dire que c'est un signe négatif. Au contraire, cela permettra de renforcer la relation. On t'invite à trouver les bons mots pour expliquer à ton ou ta partenaire que tu as besoin de te retrouver seul pendant un moment pour mieux le ou la retrouver.

LES CONSEILS D'OZALEE

L'esprit Gohone

✦ Prends une pause bien méritée.

✦ Prends le temps de te reposer (exemple sieste).

✦ Essaye une session d'EFT pour guérir émotionnellement.

49

LA LUNE PAH

Inconscient • Intuition • Illusions

49

LA LUNE PAH

Mots-clés : inconscient, intuition, illusions

La Lune, astre mystique, est l'un des trois astres majeurs, avec le Soleil et la Terre, qui rythment la vie de l'humanité.

L'influence de la Lune est importante sur la nature et sur les océans. Être en phase avec la Lune et ses cycles peut donc avoir un impact positif sur notre vie et ce que l'on souhaite mettre en place dans notre vie.

La Lune représente notre monde intérieur, nos émotions cachées, nos désirs et notre part d'ombre (peurs et inquiétudes).

Se connecter à la Lune permet de se connaître plus en profondeur, car nous partons à la recherche de nos désirs cachés et de notre inconscient.

MESSAGE CHAMANIQUE

En ce moment, tes guides te conseillent de travailler sur ce que tu souhaites mettre en place dans ta vie en fonction des cycles de la Lune. Celle-ci a une influence importante sur l'avancée de tes projets. Durant la nouvelle lune, on t'invite à poser des intentions claires sur ce que tu souhaites manifester dans ta vie, que ce soit sur le plan professionnel, sentimental ou autre.

Par exemple, lors de la prochaine nouvelle lune, tu peux écrire dans un cahier tes vœux, ce que tu souhaites accomplir et manifester pour le cycle lunaire à venir.

On t'invite également à visualiser chaque chose que tu souhaites manifester, à prendre le temps de fermer les yeux et à les visualiser ce que tu souhaites réaliser.

Établir un lien avec les lois de l'Univers te permettra d'élaborer un plan d'action pour atteindre tes objectifs. Durant la pleine lune, on t'invite à remercier l'Univers, à cultiver la gratitude envers tout ce que tu as pu accomplir durant le cycle lunaire précédent.

On t'invite aussi à prendre un temps de réflexion sur tout ce que tu viens d'accomplir.

En te coordonnant avec les phases de la Lune, tu verras que l'Univers t'apportera de la fluidité dans tes actions et dans ce que tu accompliras.
Durant les phases de pleine lune, on t'invite à écouter tes émotions et tes ressentis qu'ils soient visuels ou physiques. Tu apprendras à te connaître en profondeur et parfois même à faire face à tes désirs les plus enfouis dans ton inconscient. Ton inconscient est ton allié.

MESSAGE PROFESSIONNEL

Aujourd'hui, avec les énergies de la lune, on t'incite à cultiver la prudence dans ton milieu professionnel.
Il semble que certaines informations te soient cachées en ce moment.
Il est donc difficile de prendre une décision, car tu n'as pas toutes les informations ou les cartes en mains pour savoir dans quelle direction t'orienter.
Il se peut aussi que certaines personnes souhaitent te freiner dans ton avancée professionnelle (jalousie, compétition…).
Tes guides te conseillent de rester prudent et de ne pas te mettre trop en avant, car cela pourrait te porter préjudice.
On te conseille de rester en retrait afin que les choses se calment et que tu puisses explorer des domaines inconnus qui pourraient s'avérer intéressants pour la suite.
Au niveau financier, ce n'est pas le bon moment pour investir, ni te montrer dépensier.

MESSAGE SENTIMENTAL

Si tu es en couple depuis peu de temps, cette carte symbolise l'illusion.
Il se peut que tu sois aveuglé par des sentiments très forts et que tu ne vois pas la personne ou la relation telle qu'elle est vraiment.
On t'invite à cultiver le discernement et à rester prudent si tu es en couple, car on pourrait te cacher des réalités. Dans un couple stable, la relation fluctue un peu comme les phases de la Lune.
Les hauts et les bas rendent incertaine l'avancée de la relation ou de tes sentiments. Il est possible qu'un temps de pause soit nécessaire pour que la relation reparte sur des bases plus solides.
Cette carte indique aussi que tu peux être hyperémotif et à fleur de peau en ce moment.
Tes guides te conseillent de t'entourer de choses positives (films, musiques, personnes) afin que ton taux vibratoire puisse rester haut.

LES CONSEILS D'OZALEE

La lune Pah

✦ Suis les cycles
de la Lune.

✦ Pose tes intentions
durant la nouvelle lune.

✦ Cultive
la prudence.

50

LA DÉESSE ASAGAYA

Guérison • Discrétion • Concurrence

50

LA DÉESSE ASAGAYA

Mots-clés : guérison, discrétion, concurrence

Dans la tribu des Cherokees, la déesse Asagaya Gigagei représente l'esprit du tonnerre.
Cet esprit du tonnerre est invoqué par les chamans quand ils doivent soigner un malade.

MESSAGE CHAMANIQUE

En ce moment, que ce soit sur le plan physique, émotionnel ou spirituel, tu sembles avoir besoin de guérison.
En te connectant à la médecine de la déesse Asagaya par le voyage chamanique, et en posant l'intention de recevoir un soin énergétique qui t'apportera un équilibre et une harmonie, tu pourras te sentir plus aligné avec toi-même.
La dispersion des énergies te donne la sensation d'être fatigué, d'avoir du mal à avancer et que tout puise ton énergie.
La déesse Asagaya travaillera dans l'invisible sur tes failles énergétiques pour t'apporter la vitalité dont tu as besoin en ce moment.
Ces failles énergétiques peuvent être le résultat de récents évènements où tu ne t'es pas assez écouté ou bien des souvenirs de tes vies antérieures où tu aurais pu avoir des traumatismes qui auraient laissé une fatigue énergétique dans ton incarnation actuelle.

MESSAGE PROFESSIONNEL

Sur le plan professionnel, tu peux en ce moment ressentir que ton environnement est assez concurrentiel.
On t'indique qu'il va falloir faire face à une concurrence rude dans les prochaines semaines.
Tu es invité à faire tes preuves et à rester sur la défensive.
On te demande de ne pas trop te dévoiler, car cela pourrait se retourner contre toi.
On t'incite aussi à protéger ton travail si ce n'est pas déjà le cas, par exemple en déposant un brevet sur tes projets et en évitant de trop en parler autour de toi.
Ne laisse pas les autres s'approprier ni tes idées ni tes succès.
Si tu entreprends en ce moment des projets en équipe, on te rappelle que tu as un rôle important à jouer et on te demande de ne pas t'éclipser.

MESSAGE SENTIMENTAL

Si tu es en couple, des énergies pesantes et conflictuelles peuvent se faire sentir.
Il semble que les disputes soient fréquentes et que chacun reste sur sa position sans essayer de comprendre l'autre ou d'apaiser les tensions.
Tes guides te conseillent de prendre un moment de distance avec ton ou ta partenaire le temps que le climat s'apaise.
Cela ne veut pas dire que les énergies sont favorables à une rupture, mais qu'il serait bon de prendre un peu de distance pour vous retrouver avec de nouvelles énergies.
Après cette prise de recul, un dialogue pourra s'instaurer; un moment d'échange et d'écoute de points de vue permettra de se rendre compte de ses sentiments.
S'éloigner pour mieux se retrouver…
Si tu es célibataire et que tu recherches quelqu'un, il semble que tu ne saches pas exactement qui tu recherches. L'Univers te pousse avant tout à réfléchir à ce que tu souhaites dans une relation et ce que tu ne souhaites pas.

LES CONSEILS D'OZALEE

La déesse Asagaya

+ Effectue un rééquilibrage énergétique.

+ Prévois un voyage chamanique dans le monde du haut à la rencontre d'Asagaya.

+ Protège ton travail et tes idées.

51

LA VOÛTE DES CIEUX

Nostalgie • Retrouvailles • Créativité

51

LA VOÛTE DES CIEUX

Mots-clés : nostalgie, retrouvailles, créativité

Dans la tribu amérindienne des Pawnees, la voûte des cieux est appelée « Tirawa ».
C'est le créateur du monde chez les Pawnees. Son épouse, Atira, et lui sont deux esprits qui distribuaient les instructions aux autres esprits. Cet esprit maria le Soleil (Shakouroun) et la Lune (Pah) et qui leur donna mission de réchauffer la Terre pour Shakouroun, ainsi que de procurer sommeil et repos pour Pah.
Tirawa est une divinité très vénérée chez les Pawnees, mais il s'est, à plusieurs reprises, montré d'une humeur très incertaine puisqu'il provoqua le déluge et faillit faire disparaître le genre humain d'un coup de colère.

MESSAGE CHAMANIQUE

La voûte des cieux t'apporte une énergie de nostalgie.
Tu peux en ce moment repenser à certains moments de ton enfance ou encore te concentrer sur certains évènements du passé qui te rendent fier de la personne que tu es aujourd'hui.
On te demande avec cette carte de t'accorder un temps pour prendre conscience de l'importance du passé dans ton cheminement spirituel.
Dans le domaine spirituel, la voûte des cieux te demande de t'intéresser à d'anciennes pratiques et d'anciens rituels datant du début de l'humanité pour développer tes capacités et connaissances.

MESSAGE PROFESSIONNEL

L'énergie de la voûte des cieux t'apporte créativité et partage dans le milieu professionnel.

Tu peux ressentir en ce moment une pression qui t'empêche de concrétiser correctement tes projets. Cette pression t'empêche d'avancer.

La voûte des cieux t'invite à apporter des énergies de légèreté, de simplicité et de partage.

Tu peux par exemple t'ouvrir à des projets en collaboration.

On t'indique également qu'en ce moment ta créativité a besoin de s'exprimer.

Tu peux la laisser s'exprimer à travers plusieurs moyens comme le théâtre, le dessin ou encore la musique.

MESSAGE SENTIMENTAL

La voûte des cieux t'apporte des énergies de nostalgie dans le domaine sentimental.

Si tu es célibataire, il se peut qu'une personne revienne de ton passé (un ex-partenaire ou un vieil ami).

Si tu es célibataire, on t'invite à faire revivre de bons souvenirs avec ton partenaire en regardant des photos qui témoignent de ces bons souvenirs ou encore en refaisant des activités que vous aimiez faire par le passé.

LES CONSEILS D'OZALEE

La voûte des cieux

✦ Cultive la gratitude
pour ce que tu as accompli.

✦ Ouvre-toi
à la créativité.

✦ Intéresse-toi
à d'anciennes pratiques
spirituelles.

52

LE SOLEIL SHAKOUROUN

Optimisme • Joie • Succès

52

LE SOLEIL SHAKOUROUN

Mots-clés : optimisme, joie, succès

Le Soleil a toujours été indispensable pour l'humanité.
Il est le réservoir d'énergie et de chaleur, il est source de vie et anime toutes choses. Il nourrit et féconde.
Il représente la force de l'esprit, la joie, l'optimisme et la source divine.
Chez les Celtes, le Soleil est représenté par le triskèle.
Dans l'Égypte antique, le dieu du soleil Ré, voyage tout au long du jour et de la nuit, il est le cycle éternel de la mort et de la renaissance, il est celui qui vit éternellement.

MESSAGE CHAMANIQUE

Avec les énergies chaleureuses du soleil, on t'invite à cultiver la positivité, car le soleil t'accompagne en ce moment pour t'apporter enthousiasme et joie.
Grâce à la positivité et la gratitude que tu cultives, l'Univers t'envoie à présent l'abondance spirituelle et matérielle que tu mérites.
Tes guides te demandent de continuer à travailler sur la confiance en toi et l'estime de soi afin de continuer à atteindre tes objectifs.
Tu te rends compte également en ce moment qu'en continuant à cultiver tes énergies positives. Tu attires des personnes bienveillantes autour de toi.
On t'indique qu'au niveau spirituel tes idées et la connaissance de soi vont devenir prochainement beaucoup plus claires. Cela te permettra de connaître ta place dans le monde et ta mission de vie.
Les énergies solaires du soleil Shakouroun t'incitent à travailler davantage sur ton chakra du plexus solaire.

MESSAGE PROFESSIONNEL

Sur le plan professionnel, les énergies solaires sont très positives.
Elles t'apportent accomplissement dans tes projets et succès.
Tu vas également être amené à développer tes compétences en suivant, par exemple, des formations ou en t'intéressant à de nouveaux domaines et en acquérant de nouvelles compétences.
C'est le bon moment pour toi de demander une évolution professionnelle ou bien une augmentation de salaire.
L'Univers te fait avancer professionnellement donc n'hésite pas à cultiver ces énergies d'action.
L'Univers t'apporte également de l'abondance au niveau financier pour te lancer dans de nouveaux projets.

MESSAGE SENTIMENTAL

Si tu es en couple, les énergies solaires t'apportent joie et bonheur.
Il se peut qu'une période de légèreté, de passion et de joie se profile avec ton ou ta partenaire.
Si tu te questionnes sur ton ou ta partenaire actuelle, cela montre que cette personne pourrait être ton âme sœur.
Si tu es célibataire et que tu recherches ton âme sœur, cette carte t'indique qu'une rencontre aura lieu très prochainement. Les énergies sont très favorables pour t'ouvrir à une rencontre.
Après un travail de guérison émotionnelle, tu es totalement prêt à te lancer dans une relation sentimentale.
La personne que tu rencontreras prochainement aura une énergie solaire et sera enthousiaste.
On te demande d'être en pleine confiance face à cette relation naissante.

LES CONSEILS D'OZALEE

Le soleil Shakouroun

✦ Accueille
ces énergies de joie.

✦ Prévois
un voyage chamanique
à la rencontre de ton allié
le soleil Shakouroun.

✦ Cultive
la positivité.

✦ Travaille
l'estime de soi.

53

L'ÉTOILE DE LA FAMILLE

Famille • Monde stellaire • Karma familial

53

L'ÉTOILE DE LA FAMILLE

Mots-clés : famille, monde stellaire, karma familial

Chez les peuples autochtones d'Amérique du Nord, il est très important de dormir en famille sous les étoiles. Cela permet de se rapprocher les uns des autres et d'établir le lien avec une étoile en particulier afin qu'elle stocke les informations envoyées par les membres de la famille.

Après une nouvelle incarnation, quand la famille dort sous les étoiles, elle retrouve les souvenirs de ses anciennes vies grâce à cette étoile qui stocke toutes les informations de la famille, au-delà des vies passées.

MESSAGE CHAMANIQUE

En ce moment, tu es invité à renforcer les liens familiaux.

Tu peux ressentir certaines blessures de ton karma familial. Et il se peut que certaines tensions soient sources d'anxiété au sein de ta famille actuellement.

Tu peux par exemple essayer de mettre en place des activités pour renforcer les liens familiaux ou bien plus concrètement pratiquer « l'étoile de la famille », comme le faisaient les Amérindiens pour retrouver les mémoires passées de la famille.

Si tu as récemment vécu une situation difficile, on te demande de profiter du soutien dont tu disposes de la part de ta famille et tes amis proches.

Tes guides te disent également que tu peux trouver bien des informations à travers les étoiles concernant ton passé familial.

Certaines nations autochtones utilisent beaucoup la connaissance venant des étoiles.

On t'invite à renforcer ta connexion aux étoiles, car elles sont en harmonie avec l'Univers et le simple fait de les contempler t'aidera à trouver certaines réponses.

MESSAGE PROFESSIONNEL

Sur le plan professionnel, tu es invité à t'orienter vers un environnement de travail plus restreint.

Il peut s'agir d'une entreprise avec peu de salariés ou bien encore du soutien de personnes de ta famille dans les projets professionnels que tu entreprends. Tu peux par exemple t'associer avec des personnes de confiance de ta famille.

MESSAGE SENTIMENTAL

Au niveau sentimental, quc tu sois en couple ou célibataire, il semble que certaines blessures venant de ton karma familial entravent la relation.

Tes guides t'invitent à questionner les personnes de ta lignée familiale pour savoir si tu portes en toi des blessures ne venant pas de ton karma mais celui de ta famille.

On t'invite à prendre un moment pour te renseigner et tenter d'apaiser certaines mémoires ou blessures.

En ce moment, il se peut que des tensions familiales subsistent au sein du couple et influencent la relation.

LES CONSEILS D'OZALEE

L'étoile de la famille

✦ Pratique
« l'étoile de la famille »
avec ta famille.

✦ Renseigne-toi
sur ton karma familial.

✦ Connecte-toi
aux étoiles.

54

LA FEMME BISON BLANC

Humilité • Transmission • Paix

54

LA FEMME BISON BLANC

Mots-clés : humilité, transmission, paix

Chez les Lakotas, la Femme bison blanc est une prophétie qui date de plus de 2 000 ans.
Pendant une période difficile de grande famine et de guerres, deux jeunes guerriers tentaient de trouver du gibier à chasser quand soudain une jeune femme magnifique aux allures d'ange, enveloppée d'une lumière blanche, apparut accompagnée d'un bison blanc.
Un des guerriers n'hésita pas à l'approcher pour la toucher. Et avant même d'avoir effleuré sa peau, un nuage sombre se forma au-dessus de sa tête et un éclair s'abattit sur lui. Il fut immédiatement carbonisé.
L'autre guerrier, choqué, se mit à genoux pensant qu'il allait subir le même sort. La Femme s'approcha et lui dit qu'elle était ici pour les aider. Elle fut reçue très chaleureusement par le peuple lakota.
Cette femme apprit au peuple lakota à fumer le calumet et les initia à plusieurs pratiques spirituelles que les Lakotas avaient oubliées.
Cette femme amena une très belle harmonie au sein de ce peuple et permit aux Lakotas d'élargir leurs connaissances.
En partant, la femme offrit un grand troupeau de bisons pour assurer la survie de ce peuple.
La Femme bison blanc est considérée comme la médiatrice entre le Grand Esprit (Wakan Tanka) et le monde terrestre.

MESSAGE CHAMANIQUE

Tu reçois le message de la Femme bison blanc aujourd'hui pour te rappeler l'importance de l'humilité et de la communication avec les mondes subtils.
En t'inspirant de la prophétie de la Femme bison blanc, on te demande de renforcer ta connexion au Grand Esprit (l'Univers) et aux subtils en honorant tout ce qui t'entoure.

Tu peux par exemple créer un autel en l'honneur du Grand Esprit ou encore t'y connecter avec les moyens que tu préfères (voyages chamaniques ou autres).
Tu recevras ainsi prochainement des transmissions d'enseignements sacrés à travers des voyages chamaniques, des méditations ou autres.
Sache que tes guides et tes alliés des mondes subtils sont plus que jamais à tes côtés, et c'est pourquoi on t'encourage à renforcer ce lien.
La Femme bison blanc annonce pour toi une période de plénitude, abondance, sagesse et connaissance.

MESSAGE PROFESSIONNEL

La Femme bison blanc apporte des énergies de paix et de transmissions dans le milieu professionnel.
Il se peut qu'un environnement conflictuel te perturbe en ce moment.
Ce message est à la fois un conseil de tes guides et un message divinatoire pour te demander de te connecter au Grand Esprit afin de demander une harmonie au sein de ton milieu professionnel.
Cette carte indique également que des enseignements et apprentissages vont prochainement avoir lieu.
Il peut s'agir d'une formation pour que tu puisses évoluer.

MESSAGE SENTIMENTAL

Au niveau sentimental, les énergies de la Femme bison blanc t'apportent avant tout paix et harmonie.
Si tu es en couple, on te demande d'ouvrir ton respect pour la personne qui t'accompagne. Tu pourras prendre conscience de tes sentiments pour cette personne et tu profiteras des énergies d'harmonie au sein du couple.
La Femme bison blanc apporte de très bonnes nouvelles sur le plan sentimental.
Il se peut qu'une union se concrétise prochainement et des sentiments sincères seront dévoilés.
Quand cette carte se présente, elle représente une relation âme sœur.
Si tu es célibataire, cette carte t'indique que les énergies te sont favorables.
Tu rencontreras prochainement une personne avec qui une relation de confiance se concrétisera.

LES CONSEILS D'OZALEE

La Femme bison blanc

✦ Cultive l'humilité
dans ce que tu entreprends.

✦ Ouvre-toi
à l'abondance.

✦ Connecte-toi
à la Femme bison blanc
à travers un voyage chamanique
pour recevoir
ses messages divinatoires.

✦ Des formations
sont à venir.

Chants intuitifs

Ces chants intuitifs permettront de t'aider à effectuer un voyage chamanique à la rencontre de tes alliés.

Voici le chant intuitif que j'ai créé
pour se connecter au monde du bas :

Voici le chant intuitif que j'ai créé
pour se connecter au monde du milieu :

Voici le chant intuitif que j'ai créé
pour se connecter au monde du haut :

À propos de l'auteure

Je suis médium, énergéticienne, artisane et chanteuse. Je mêle le chamanisme et la musicothérapie afin de t'accompagner vers le meilleur chemin pour toi.

Je propose des guidances afin d'éclairer, de guider et d'accompagner les âmes ayant besoin d'éclaircissement sur tous les domaines de leurs vies.

Je suis également chanteuse et je délivre des messages au travers de ma voix.

Je crée également des Oza' Dreams, des attrape-rêves énergétiques artisanaux.

Depuis l'enfance, j'ai une connexion particulière avec les Indiens d'Amérique.

J'ai créé *L'Oracle de l'essence chamanique* pour permettre aux personnes d'ouvrir leur spiritualité, de recevoir des conseils ainsi que des messages divinatoires tout en s'inspirant de la sagesse amérindienne.

www.ozalee-intuitive.com

@Ozalee_intuitive

À propos de l'illustratrice

Coucou, je m'appelle Mélanie, je suis énergéticienne et artiste dans l'âme. Mes capacités de clairaudience et de clairvoyance se sont ouvertes dans l'enfance, et depuis je me laisse guider au gré de ma créativité, de mes envies, afin de vivre ma vie telle que je la crée.

L'énergie stellaire a une grande place dans mon quotidien.

Je propose des audios soins en langage de lumière, ainsi que des soins mémoires akashiques en parallèle de mes créations artistiques. Mes aquarelles sont intuitives, teintées d'une touche de poussière d'étoiles.

La phrase qui résonne totalement avec ma vision de la vie est: « Toi seul sais ce qui est bon pour toi. »

www.mel-ange-and-co.com

@mel_ange.and.co

NOTES

NOTES

NOTES

NOTES

NOTES